Rüdi

MW00513477

Die Diktatur des Geldes

Die Lügen des Finanzkapitalismus

Salzburg 2020

Xxxx vZ   = Jahr vor unserer Zeitrechnung
Xxxx nZ   = Jahr nach unserer Zeitrechnung

Die Menschheit besteht aus Frauen und Männern und einer breiten Varietät dazwischen. Die männlichen und weiblichen Sprachformen werden alternierend gebraucht, gemeint sind immer alle drei Geschlechter (m, f, x)
Literaturhinweise zeige ich an, indem ich das Erscheinungsjahr eines Buches in Klammer hinter dem Namen des Autors angebe.

gewidmet
Stephan Schulmeister, Thomas Piketty und Christian Felber
die beweisen,
dass Wirtschaft und Gemeinwohl
verbunden werden können

Nachdruck oder Vervielfältigung nur mit Genehmigung des Autors gestattet. Verwendung oder Verbreitung durch nicht autorisierte Dritte in allen gedruckten, audiovisuellen und akustischen Medien ist untersagt. Die Textrechte verbleiben beim Autor. Für Satz- und Druckfehler keine Haftung.

Impressum:

Dr. Rüdiger Opelt, Georg-Rendl-Weg 46, 5111 Bürmoos ,
DI Michael Opelt, SAW-edition, Hauptstr. 5, 4861 Schörfling

Saw Partners	sawedition@gmail.com
www.opelt.com	r@opelt.com,
	m.opelt@eduhi.at

SAW Partner is an association to support the SAW goals

Alle Rechte vorbehalten

ISBN: 978-3-948811-06-8

Satz: Michael Opelt /Schörfling/**Saw** partner
Lektorat: Maximilian Rennmayr/Linz/ **Saw** partner
Cover: Monika Steiner/Lambach/ **Saw** partner
             Front; Die Geldmenge im Euro-Raum im März 2012 (Wiki)
             Back; Norddeutsche Landschaft

        Book by S.A.W. Edition;   **sawedition@gmail.com**

Dieses Buch ist erhältlich im Buchhandel, bei amazon **oder beim Autor, auch als ebook** verfügbar.

www.opelt.com,   r@opelt.com   www.amazon.de

Salzburg 2020

4

Inhaltsverzeichnis

III. Lösungen

Einleitung

Obwohl die Weltwirtschaft in einem atemberaubenden Tempo wächst, ist unser Planet in einem beklagenswerten Zustand, ja am Rand des Abgrunds, wie viele meinen. Der Widerspruch zwischen diesen beiden Tatsachen bestimmt derzeit die Politik in allen Ländern dieser Erde. Während die Mächtigen nur an Geld und Einfluss denken, sorgen sich 90% der Weltbevölkerung ums tägliche Leben oder um die Überlebenschancen ihrer Nachkommen. Würde ein außerirdischer Beobachter ein Gutachten über die Menschheit abgeben, käme er wohl zum Schluss, dass das Verhalten und Denken der Menschen völlig schizophren ist und diese scheinbar intelligente Tierart auf ihre Ausrottung zusteuert, wie dies so oft in der Evolution mit wuchernden Arten geschehen ist.

Wirtschaft und Politik singen das Loblied vom Fortschritt, der bald alle Menschen reich machen wird. Tatsächlich gibt es eine Zunahme der Güterproduktion, die durch den Aufstieg von China, Indien und vielen Schwellenländer explodiert. Zunächst werden aber vor allem einige wenige reich und die meisten Menschen leben immer noch an der Armutsgrenze, Millionen Mittellose hungern noch.

Mit Ausnahme der Güterproduktion zeigen alle anderen globalen Faktoren nach unten: Artensterben, Klimaerwärmung, Vergiftung von Meer und Land, Wüstenbildung, soziale Disruption, psychische Erkrankungen, Vermüllung – überall geht es bergab.

Wie kann es sein, dass 2 Gruppen von Menschen scheinbar auf 2 verschiedenen Planeten leben? Für die Ökonomen zählt nur Gold und Geld, das Gros der Menschen sorgt sich um ein menschenwürdiges Leben. Gibt es denn einen Planeten B, der die Ökonomen einfach nicht interessiert, obwohl sie so tun, als ob sie 2 Planeten ausbeuten könnten?

Es ist offensichtlich, dass sich die kapitalistische Ökonomie von der ökosozialen Realität völlig abgekoppelt hat. Das ist kein Betriebsunfall, sondern liegt im Wesen des Kapitalismus begründet. Kapitalisten geht es um Kapital und um sonst gar nichts. Mensch und Natur werden solange ausgebeutet, bis alles zu Kapital geworden ist. Aus diesem kann man dann eine Metallwelt aus Robotern bauen, auch davor fürchten sich schon viele. Wollen wir das wirklich? Liegt das in unserem Interesse?

Es ist kein Zufall, dass derzeit ein Kampf zwischen Ökonomie und Ökologie tobt, mit verhärteten Fronten, als könnten die beiden nie wieder zusammenkommen. Die Ökologen argumentieren mit Klimawandel und Artensterben, die Ökonomen verteidigen ihr Geld. Das geht nicht mehr lange so, spätestens in 30 Jahren wird der Kampf entschieden sein. Gewinnt das Leben oder gewinnt die leblose Materie?
Da die Ökonomen das Geld haben, sitzen sie zunächst am längeren Ast, schmettern alle Kritik mit dem Argument der Wirtschaftlichkeit ab. Ökologie, Frieden, Gemeinwohl, das seien alles schöne Träume, sie würden sich aber nicht rechnen...

Ist das so? Ich denke nicht. In diesem Buch werde ich beweisen, dass die kapitalistische Wirtschaft auf Sand gebaut ist und sogar der wird uns bald ausgehen. Dann versinken die Fundamente der Ökonomie im Sumpf des auftauenden Permafrosts.
Ich werde aufzeigen, dass die Nationalökonomie ein unwissenschaftliches Konstrukt ist, das die Realität der Menschheit nicht abbildet und nur zu einem Zweck geschaffen wurde: Um die Gier der Reichen moralisch zu untermauern und zu exkulpieren. Die Gier weniger Materialisten gefährdet die Menschheit und den ganzen Planeten.

Laut den Ökonomen erleben wir derzeit eine vorübergehende Krise, die wir in Kauf nehmen müssen, um den Wohlstand bis in die hintersten Winkel der Erde zu bringen. Menschen nehmen seit jeher Entbehrungen in Kauf, wenn am Ende ein wünschenswertes Ziel winkt, sei es ein Schlaraffenland oder ein himmlisches Paradies.

Der Zusammenbruch der Zivilisation ist aber kein wünschenswertes Ziel. Immer weniger Menschen sind bereit zu hungern und zu leiden, weil uns einige wenige Gierschlünde in ihrer Verblendung ins Chaos stürzen.

Die Reichen dieser Erde verhalten sich wie Raubtiere, die ihre Beutetiere ausrotten, was unausweichlich zur Ausrottung der Raubtiere führt. Die Menschheit leidet derzeit nicht an einer unabwendbaren Katastrophe, sondern an einem menschengemachten Missstand. Er nennt sich Raubtierkapitalismus.

Wie ich zeigen werde, ist der Raubtierkapitalismus dumm, dämlich und ineffizient, dazu noch unmoralisch und zutiefst ungerecht.

Das Märchen von der Effizienz des freien Marktes ist einfach nur gut gelogen. Effizient ist der neoliberale globale Markt nur in der Zerstörung des Lebens, des Klimas und bald auch der Menschheit.

Was ist effizient daran, alle Rohstoffe kostenlos zu rauben und der Erde nichts dafür zurückzugeben?

Was ist effizient daran, Milliarden Menschen zu Billigstlöhnen bis zur Erschöpfung schuften zu lassen, mit Löhnen, die zum Sterben zu viel und zum Leben zu wenig sind?

Was ist effizient daran, 90% der gestohlenen Energie zu verschwenden und 90% der gestohlenen Stoffe in Müll zu verwandeln?

Was ist effizient daran, alle Ökosysteme dieser Welt nachhaltig zu zerstören und auszuplündern?

Was ist moralisch daran, ohne eigene Arbeit unsägliche Gewinne einzustreichen und die Kosten auf Pflanzen, Tiere, Arme und zukünftige Generationen abzuwälzen?

Es ist Zeit, dass wir uns aus den Fesseln der kapitalistischen Manipulation befreien und nach Alternativen suchen. Die gibt es nämlich, wie ich im dritten Teil des Buches aufzeigen werde.

Kommt ein Banker in den Himmel...
...wird von Petrus eingelassen, der interessanterweise Nadelstreif und Krawatte trägt. Der Banker freut sich auf Engel und Hosianna-Singen, wird aber in einen engen Computer-Raum gesperrt, wo Börsenkurse über die Bildschirme flimmern, plötzlich nach oben und schnell wieder nach unten schießen. Entsetzt blickt er Petrus an, der schmunzelt nur: „Tja, mein Freund, so ist das bei uns. Jeder bekommt den Himmel, den er ein Leben lang gepredigt hat!"

I. Lügen

Die Lügenpropaganda

Von Kindheit an bekommen wir folgendes eingeimpft:
1. Kapitalismus und freie Markwirtschaft bringen Wohlstand
2. Das Geld ist auf der Bank am sichersten
3. Das Geldwesen ist beim Staat am besten aufgehoben

Diese Prämissen unseres Wirtschaftssystems darf niemand hinterfragen, ohne sofort als linker Anarchist belächelt oder beschimpft zu werden. Karriere macht so jemand sicher keine.

Dabei sind alle drei Behauptungen erwiesenermaßen falsch. Es ist der größte Propagandaerfolg des Finanzkapitalismus, dass er seit 1991 ein Meinungsmonopol errichtet hat, das seinen Interessen, nicht aber den Interessen der Mehrheit der Bevölkerung dient. Das merken inzwischen die meisten Leute und wehren sich, werden aber bei Aufbegehren sofort mit der „Wahrheitskeule" erschlagen: Sie würden eben nichts vom Finanzwesen verstehen und sollten gefälligst weiter den Mund halten.

Tatsächlich sind die verschwurbelten Theorien der Nationalökonomen nur schwer zu verstehen. Das ist Absicht, denn sie dienen vor allem der Verschleierung der nackten Tatsachen und widersprechen jedem Hausverstand. Es ist also Zeit, die Fakten zur Kenntnis zu nehmen und das geht mit Hausverstand wesentlich besser als mit irgendeiner Fantasie-Theorie, die in 20 Jahren auf dem Müllhaufen der Sozialgeschichte landen wird.

Schauen wir also die 3 Behauptungen genauer an:

1. Kapitalismus und freie Markwirtschaft bringen Wohlstand

a) Alle Kritiker werden mundtot gemacht, weil der Wohlstand auf der Welt angeblich nur mit dem durch Banken angeheizten freien Markt gesichert werden kann. Der neueste UNO-Bericht belegt, dass in den letzten 20 Jahren die Armut auf der Welt zurückgegangen ist und ein großer Teil der Chinesen und Inder in die Mittelschicht aufgestiegen ist. Das ist an sich eine gute Botschaft, wenn sie denn stimmt.

Allerdings schmücken sich die Banken dabei mit fremden Federn und reklamieren die Leistung aller Menschen für sich, als Ergebnis der Finanzwirtschaft, der Kredite, der Börsenkapitalisierung. Dies ist die größte Lüge der Reichen, es ist traurig, dass sie bis heute damit durchkommen.

Das Wachstum der Weltwirtschaft ist nicht Ergebnis von Geld und Krediten, sondern der Explosion von Manpower. Es gibt heute 10mal so viele Menschen wie zu Beginn der industriellen Revolution. Durch die Beschäftigung von Frauen und die Verlängerung der Lebenszeit gibt es heute 20mal so viele arbeitende Menschen wie vor 200 Jahren. In 200 Jahren hat sich also die menschliche Arbeitsleistung verzwanzigfacht. Durch Ausbreitung von Bildung und intelligenten Lösungen hat sich die Effizienz der Menschheit verfünfzigfacht. Es ist also nicht überraschend, dass die Menschheit heute 50mal so viel produzieren kann als vor 200 Jahren. Das hat mit Geld genau gar nichts zu tun, denn Geld arbeitet eben genau gar nicht, es ist nur eine vereinbarte Wertdefinition von menschlicher Arbeit.

b) Die Geschichte der Neuzeit wird als Beleg für die Effizienz des westlichen Kapitalismus missbraucht. Westliche Firmen produzieren angeblich besser als alle traditionellen Wirtschaftssysteme. Auch das ist gelogen.

Der Aufstieg des Westens verursachte global mehr Kosten und Zerstörung, als er an Wertzuwachs geschaffen hat.

Europas Reichtum des 15. und 16. Jhdt. wurde aufgrund eines globalen Raubzugs der Spanier, Portugiesen und Holländer akkumuliert. Die Spanier nahmen 80 Millionen Indigenen alles weg, was diese hatten und versklavten sie als kostenlose Arbeitskräfte. Portugiesen und Holländer schöpften die Handelsgewinne im Indischen Ozean ab und transferierten sie nach Europa.

Die Industrialisierung des 18. Jhdt. wurde durch die Ausbeutung des indischen Subkontinents angestoßen, wodurch die Engländer mit geraubtem Kapital ihre Industriebetriebe finanzieren konnten. Im 19. Jhdt. kam die Ausbeutung Afrikas dazu, woran sich ganz Europa beteiligte. Allein im belgischen Kongo wurden 10 Mill. Arbeitssklaven brutal ausgebeutet. Von diesem Blutgeld profitieren heute noch die Diamantenhändler in Antwerpen. Der Reichtum der letzten 50 Jahre wurde durch die Ausbeutung aller Öko- und Sozialsysteme der ganzen Welt akkumuliert.

Das angebliche Wachstum an Wohlstand ist in Wirklichkeit nur eine Konzentration der Geld- und Vermögensressourcen auf wenige Privilegierte. Das fiel uns Mitteleuropäern nicht auf, da hier 90% der Bevölkerung mehr Wohlstand erlangten. Im Rest der Welt ging aber der vorhandene Wohlstand drastisch zurück. In allen Nicht-Industrie-Ländern fiel der Wohlstand dramatisch ab, kam es zu Hungersnöten, Arbeitslosigkeit und Zerstörung von sozialen und ökologischen Strukturen. Die derzeitigen globalen Probleme der Menschheit sind direkte Folge des globalen Raubzugs des Kapitalismus, der alles verschlingt, bis in die letzte Insel und in die tiefsten Meeresregionen.

Die sogenannte Wohlstandsbilanz ist gefälscht, weil alle verursachten Kosten nicht eingerechnet werden und im Bruttosozialprodukt nur die Gewinne der Multis und der Privilegierten aufscheinen, nicht aber die Verluste der Armen und

Ausgebeuteten. Das ist das Musterbeispiel einer Bilanzfälschung, die uns als Realität verkauft wird.

2. Das Geld ist auf der Bank am sichersten

Banken galten in meiner Jugend als Hort der Rechtschaffenheit, Bankbeamte waren hochangesehen. Das hat sich drastisch geändert, seit sich 2008 das Bankwesen als globales Casino entpuppt hat, das um ein Haar die Weltwirtschaft in den Abgrund gerissen hätte. Inzwischen sind etliche Banken Pleite gegangen, tausende Filialen wurden geschlossen, kaum jemand geht noch in die Bank seines Vertrauens, viele wickeln ihre Geldangelegenheiten zuhause per E-banking ab.
Wozu brauchen wir also noch eine Bank, fragt sich inzwischen mancher. Nur damit sie uns teure Spesen verrechnet, für eine Arbeit, die wir selbst leisten müssen?
Aber auf der Bank kann dem Geld nichts passieren – dachte man früher. Die Bankkunden der Banken in Zypern, von Lehman Brothers und Fanny Mae in den USA und der Hypo-Alpe-Adria in Österreich denken das nicht mehr, denn all diese Banken gingen in Konkurs. Ein Bankkonto oder ein Sparbuch ist rechtlich nur eine Forderung an eine Bank, wenn die in Konkurs geht, ist das Geld weg. Die Einlagensicherung geschieht wieder nur durch einen Bankenverbund, im Krisenfall ist diese Garantie das Papier nicht wert, auf dem es gedruckt ist.
Die Banken merken natürlich, dass sie das Vertrauen ihrer Kunden verspielt haben und haben einen neuen Trick ersonnen, um ihre Kunden in Abhängigkeit zu halten. Sie plädieren für die Abschaffung des Bargeldes, das angeblich unnützes Zeug aus einer fernen Vergangenheit darstellt. Die Ökonomen springen sofort auf diesen Zug auf, Computer-Geld macht die Finanzströme viel berechenbarer und verhindert kriminellen Missbrauch. Wer hortet denn noch sein Erspartes unter einer Matratze, das ist doch lächerlich.

Vielleicht werden bald viele auf die Matratzen-Methode zurückgreifen. Denn Bargeld ist eine Forderung an den Staat, es verfällt erst bei einem Staatsbankrott und nicht schon bei einer Bankpleite. Außerdem scheint es nicht ratsam, der digitalen Überwachung seiner finanziellen Existenz alle Türen zu öffnen.

3. Das Geldwesen ist beim Staat am besten aufgehoben

Alles Geld kommt von der Zentralbank und wird vom Staat garantiert. Staaten gehen nicht Pleite – angeblich. Nach der Krise von 2008 habe ich mir die Mühe gemacht, die Staatspleiten nachzurecherchieren und habe entsetzt festgestellt, dass in allen Ländern der Welt Staatspleiten ein sehr regelmäßiges Phänomen sind, nicht nur in Argentinien und Griechenland, die darin die Weltrekorde halten. Holland 1650, Österreich 1873, Deutschland 1923 und 1945, der schwarze Freitag 1929, alles Staatspleiten. Wenn man diversen Experten glaubt, steht uns der allergrößte Crash gerade erst bevor. So wie alle Staaten seit 50 Jahren hemmungslos Schulden machen, ist das Vertrauen in den Staat nicht wirklich berechtigt.

Das Unbehagen über das Finanzgebaren von Staat und Banken verdichtet sich gerade in Europa und den USA zu einem gefährlichen sozialen Unmut, der jederzeit hochgehen kann.

Warum die Wohlstandsberechnung nicht stimmt

Das größte Problem jeder Wissenschaft ist die Validität. Man kann vieles erforschen und messen und trotzdem völlig danebenliegen, wenn man nicht das misst, was man zu messen vorgibt. Das ist auch der beliebteste Trick bei Studien, die von der Wirtschaft bezahlt werden. Es gibt unzählige Nachhaltigkeitsstudien, die nur ein schickes Alibi liefern für Umweltzerstörung und Greenwashing. Z.B. gibt es ein Gütesiegel für

„nachhaltiges Palmöl", dies ist ein Schwindel und das Gegenteil einer validen Messung (siehe den Film „Green Lie").

In der Ökologie-Diskussion deckten immer mehr NGOs solchen Schwindel auf. In der Wirtschaftswissenschaft sind nicht-valide Messungen aber so normal, dass der Laie zwar merkt, dass da was nicht stimmt, aber nicht beweisen kann, dass dem so ist, weil er sofort mit der Ökonomie-Keule erschlagen wird. Laien, Linke und Basisorganisationen sollen sich gefälligst aus der Wirtschaft raushalten, denn die haben ja keine Ahnung von Marktwirtschaft!

Jeder Blödsinn, jeder ökosoziale Schaden wird mit dem Bruttosozialprodukt begründet, dass angeblich wachsen muss, damit die Welt nicht untergeht. Es ist zwar genau umgekehrt, die Welt wird untergehen, wenn das Bruttoweltprodukt weiterwächst, aber das ficht einen Ökonomen nicht an.

Das Bruttosozialprodukt ist in Wirklichkeit ein logischer Trugschluss, mit dem wir manipuliert werden. Es misst genau das und nur das, was Ökonomen für messenswert halten. Daraus entsteht die Argumentation der Ökonomen: Wichtig ist, was uns wichtig ist! Das ist mathematisch gesehen eine Tautologie, eine Plattitüde, die gar nichts beweist, aber alles zu beweisen vorgibt. Mit einem ähnlichen Trugschluss haben die Theologen das Mittelalter und die frühe Neuzeit malträtiert: Alles ist von Gott erschaffen, weil Gott die Welt erschaffen hat. Hat auch nicht funktioniert. Inzwischen haben die Neoliberalen die Rolle der Theologen übernommen und postulieren: Der freie Markt regelt alles, weil Wirtschaft eben Marktwirtschaft ist und alles andere ist Blödsinn.

Die Realität ist, dass keiner beweisen kann, ob es einen Gott gibt oder nicht, auch die nicht, die an ihn glauben. Ähnlich ist es bei der Erforschung des „freien Marktes", da verliert man sich in diversen Realitäten, die das Gegenteil von freiem Markt sind: Korruption, Schattenwirtschaft, Monopole, Oligopole, Marktmanipulation, politische und diktatorische Marktsteuerung etc. Ob es in der globalen Wirtschaft wirklich einen freien Markt gibt, das soll mir erst mal einer beweisen; die GAFAM-Internet-Konzerne z.B. sind allesamt Monopolisten, die Öl- und Gasindustrie ist ein Oligopol, die Marktmanipulationen der Pharma-Industrie stehen täglich in der Zeitung.

Eine Theorie, die die Realität nicht valide abbildet, ist ein Hirngespinst ohne Nutzen. Die „ordnende Hand des freien Marktes" ist ein solches Hirngespinst (Schulmeister 2019). Keiner hat sie je zu Gesicht bekommen oder je von ihr profitiert, ausgenommen überbezahlte Wirtschaftsberater. Die Marktwirtschaft gibt vor, die Bedürfnisse der Menschen zu erfüllen, doch das tut sie nicht. Vielmehr überschüttet sie die Menschen mit Gütern, die diese nicht brauchen und schafft dabei Defizite, die unglücklich und krank machen. Man sieht das an den historischen Ausbreitungswellen des Kapitalismus: Jedes Land, jede Gegend, in der sich die Marktwirtschaft ausbreitet, erlebt zunächst eine Zunahme von Armut, sozialer Ungleichheit, Hunger, Gewalt, sozialer und ökologischer Disruption. Das soll Wohlstand sein? Als zweiter Schritt erfolgt die Arbeitsversklavung mit Ausbeutung und Entfremdung, 16-Stunden-Tagen, Kinderarbeit, Arbeitssklaverei, Menschenhandel usw. Das soll Wohlstand sein?

Erst in einem dritten Schritt erzwingen Gewerkschaften und soziale Bewegungen eine bessere Verteilung des Wohlstandes, das gelingt aber erst, wenn schon viel Wohlstand akkumuliert wurde, sodass die Reichen die paar Brosamen, die sie abgeben müssen, verschmerzen können. Im vierten Schritt wird der Sozialstaat wieder abgeschafft und es geht wieder abwärts, das erleben wir gerade in der westlichen Welt.

All dies wird durch die „geniale" Erfindung des Bruttosozialprodukts gedeckt. Das Geniale an dieser Kennziffer ist, dass die Wirtschaft sich dabei selbst beurteilt und beweihräuchert und ihre Kunden keinerlei Einfluss auf diese entscheidende Größe haben. Das wäre so, als würden sich die Volksschulkinder selbst benoten, dann hätten natürlich alle lauter Einsen, aber über ihre Leistung würden die Noten nichts mehr aussagen.

Wie kann das sein? Ganz einfach: Das Bruttosozialprodukt ist die Summe aller Werte, die Firmen zur Versteuerung anmelden, um vom Staat in Ruhe gelassen zu werden. Je nach Korruption und Marktmanipulation sind das sehr variable Werte, je nach Kompromiss zwischen Firmen und Staaten. Dass dies mit der Realität wenig zu tun hat, sieht man daran, dass große Konzerne kaum Steuern zahlen.

Entscheidend ist aber, dass 90% der Bedürfnisse der Menschen vom Bruttosozialprodukt ignoriert werden und nicht in die Rechnung einfließen. Dazu zählen soziale Sicherheit, Freiheit, Liebe, Zuwendung, Bindungen, Geborgenheit, intakte Natur. All das wird nicht verrechnet und nicht bezahlt, ist daher aus Sicht der Ökonomen wertlos. Das erklärt den Zustand unserer Welt viel besser als alle Wirtschaftstheorien zusammengenommen.

Traditionelle Gesellschaften, vor allem die der Naturvölker, erfüllten diese „unökonomischen" Bedürfnisse der Menschen sehr viel besser. Die ökonomische Disruption führt daher zu einem rapiden Abfall in der ökosozialen Bilanz aller vom Kapitalismus eroberten Gesellschaften. Aber das kann man mit dem Bruttosozialprodukt wunderbar ignorieren, weil dieses all das ja nicht misst. So schaffen sich die Ökonomen ihre eigene Realität, die mit der Realität unseres Planeten herzlich wenig zu tun hat.

Kapital und Ideologie

Vieles an der kapitalistischen Wirtschaftstheorie ist reine Ideologie, die sich selbst beweist. Komplizierte mathematische Modelle schauen sehr wissenschaftlich aus, erstellen Prognosen, die meist nicht eintreffen, unterscheiden sich in der Vorhersagekraft statistisch gesehen herzlich wenig von der üblichen Jahrmarktswahrsagerei, sind meist nach einem halben Jahr schon Makulatur. In den Zeitungen werden wir mit solchen Wirtschaftsprognosen geradezu überschüttet und sind dann immer wieder überrascht, wenn es anders kommt als vorhergesagt. Diese Überfülle an Fehlinformation dient vor allem einem Zweck:

Es soll und muss verschleiert werden, dass und warum das Einkommensungleichgewicht immer größer wird statt kleiner, obwohl doch in Summe immer mehr Geld zur Verfügung steht.

Piketty (2020) weist nach, dass seit 5000 Jahren die Ungleichheit die Machtstrukturen sämtlicher Kulturen definiert. Ideologien, Religionen etc. dienen dem Zweck, der unterdrückten Mehrheit den Sinn der Unterdrückung so klarzumachen, dass sie nicht dagegen revoltiert.

In traditionellen Gesellschaften wird die große Mehrheit der Arbeitenden von zwei Eliten ausgebeutet, den Priester- und den Kriegerkasten. Dies ist in Indien bis heute so, war aber in Europa nicht anders. Bis zur französischen Revolution war ein Drittel des Besitzes in der Hand der Kirche, der Rest im Besitz der Adligen, für den Dritten Stand blieb kaum etwas übrig.

England war fortschrittlicher, denn da hatte König Heinrich VIII. den Besitz der Kirche schon 1530 eingezogen, so wurden die Engländer nur mehr von einer Kaste ausgebeutet und nicht mehr von zwei. Diese hierarchischen Ausbeutungsstrukturen verliehen den Ländern eine gewisse Stabilität, die von den Kirchen als gottgewollt hingestellt wurde. Die Eliten argumentierten die Ausbeutung damit, dass die Kirche für das geistige Wohl des Landes sorgte, die Kriegerkaste für die militärische Sicherheit. In Europa bröckelte dieser Konsens, da zu Beginn der Neuzeit die Eliten die eigene Bevölkerung bekämpften statt Außenfeinde fernzuhalten. Die Kirche verbrannte die Glaubensreformer auf den Scheiterhaufen, die Adligen schlugen die Aufstände der Bauern nieder. Der Druckkessel explodierte, in einer 500-jährigen Revolution wurde die Macht der Könige und Bischöfe gebrochen, Wissenschaftler und Bankiers wurden die neuen Eliten, die aber ähnliche Ungleichheitssysteme aufbauten wie zuvor die Kirchen und Kaiser. Im Versuch, die alten Eliten zu entmachten, setzten die Aufklärer auf Theorien von Bildung und Geld, die jedem Bürger den Aufstieg in die Eliten ermöglichen sollten. Heute kann jeder Bürger Universitätsprofessor werden, falls er klug genug ist, und jeder Tellerwäscher kann Millionär werden. Im Prinzip jedenfalls, praktisch passiert es fast nie. Dies sind die Mythen des globalisierten Kapitalismus, sie bilden die Realität in schlechter Weise ab, die Machtstrukturen sind die gleichen geblieben wie früher, nur die Eliten haben sich gewandelt. Die Experten lösten die Priester ab, Banken und Millionäre die Adligen, aber wieder befinden sich zwei Drittel der Vermögen in der Hand der geistigen und der finanziellen Eliten.

Das Ideal einer egalitären Gesellschaft der Gleichen wurde nur in der Zeit von 1950 bis 1980 und auch da nur in geringer Annäherung erreicht. Sozialdemokratische Regierungen verteilten Vermögen über Spitzensteuersätze um. Ab 1980 wurde dies alles durch den Neoliberalismus rückgängig gemacht, die Ungleichheit nimmt derzeit in galoppierendem Tempo zu. Denn Realität ist, dass die Eliten aller Zeiten sich gegen Umverteilung zur Wehr setzen mit allen ihren Mitteln, und das sind nicht wenige. Von 1492 bis 1960 verlagerten sie die Ausbeutung umso mehr in ihre Kolonien, je mehr sie in Europa Zugeständnisse machen mussten. Spanien und Portugal beuteten die neue Welt und die Handelsströme des indischen Ozeans hemmungslos aus, kämpften mit dem gewonnenen Gold um die Vorherrschaft in Europa. England und Frankreich saugten im 19. Jhdt. Geldmittel aus den Kolonien, die einem Mehrfachen ihres Bruttosozialprodukts entsprachen. Die in den Kolonien gestohlenen Geldmittel waren der Grundstock der finanziellen Macht der Bankiers und Milliardärs-Familien, die heute die Weltelite bilden. Wissenschaftler und Manager dürfen am Reichtum partizipieren, solange sie das Ausbeutungssystem begründen und stützen helfen. Bankiers und Nationalökonomen spielen dabei eine höchst unrühmliche Rolle.

Dabei haben die Holländer bereits vor 500 Jahren vorgemacht, dass es auch ohne Eliten geht. Niederländische Bauern und Händler bildeten

Finanzgenossenschaften, um mittels Windmühlen das Land zu entwässern, die aus den neuen Feldern gewonnenen Erträge kamen dann allen Aktionären zugute. Dieses Modell der Kaufmannsgenossenschaft übertrugen sie ab 1602 auf den globalen Handel und wurden damit in kürzester Zeit zur reichsten Nation der Welt, eben weil sie eine Republik waren und ihren Gewinn weder an die Kirche noch an die Adligen abliefern mussten. Mit diesem neuen Modell machten Frankreich und England ganz schnell Schluss, nahmen den Holländern den globalen Handel weg und errichteten ihre Kolonialreiche, in denen das Geld wieder in die Taschen des Adels floss.

Ständestaaten

Seit es patriarchale Oberschichten gibt, sind alle bekannten Zivilisationen der Menschheit in Stände eingeteilt. Bis zur Französischen Revolution 1789 gab es in Europa drei Stände: Adlige und Klerus bildeten den ersten und zweiten Stand und besaßen zwei Drittel aller Güter. Der Rest bestand aus allen arbeitenden Menschen, dieser dritte Stand musste die Güter für die Oberschicht produzieren. Ähnlich ist es heute noch in Indien: Dort sind die Brahmanen der wichtigste Stand, als zweites kommen die Krieger, der Rest ist in eine Überfülle an niederen Kasten eingeteilt. Krieger, Priester, Arbeiter und Bauern, diese drei bis vier Stände gibt es auf allen Kontinenten.

Die europäischen Revolutionen haben offiziell den Ständestaat abgeschafft, de facto besteht er aber weiter. Es hat sich nur die Zusammensetzung der ersten beiden Stände verändert. Im Westen besteht der erste Stand aus Geldadel und Fabrikanten, der zweite Stand aus Wissenschaftlern und mittelständischen Unternehmern, alle anderen bleiben der dritte Stand. Die Ressourcenverteilung zwischen den Ständen hat sich nur in den Jahren 1950 bis 1980 kurzzeitig verändert, da die Eliten sich in den Weltkriegen total desavouiert hatten. Für wenige

Jahrzehnte gaben sie, um die aufgebrachten Gemüter zu beruhigen, daher etwas mehr Geld ab, das dem Mittelstand der gebildeten Angestellten zugutekam. Seit 1980 fordern die Eliten aber die alte Ungleichverteilung zurück, der Mittelstand fällt zu einem großen Teil wieder in die Unterschicht ab. In den Ländern Asiens entsteht derzeit ein neuer Mittelstand, der ein bisschen vom Kuchen abbekommt, dieser muss sich dafür mit extremen Arbeitszeiten und schlechter Luft ausbeuten lassen. Langfristig ist auch in den aufstrebenden Nationen eine Rückkehr zur Ungleichverteilung zu erwarten, da auch in China und Indien immer mehr Ressourcen bei den Multimilliardären landen.

China hat zwar Adel und Geldadel durch Enteignungen abgeschafft, aber nur durch neue Eliten ersetzt. Die Funktionäre der kommunistischen Partei sind der neue Politadel, die Finanzmilliardäre der neue Geldadel. Parteibonzen führen die Verwaltungsregimes von Kaiser und Beamten fort und berufen sich auf die konfuzianische Kultur der Vergangenheit. Der chinesische Geldadel agiert ganz gleich wie jener der USA. Vorübergehend schafft man einen Mittelstand, um die große Mehrheit zu extremen Arbeitsleistungen zu motivieren. Wenn die Infrastruktur erst einmal aufgebaut und China führende Weltmacht sein wird, werden die Arbeiter in Shenzhen und Schanghai genauso unwichtig werden wie die Fließbandarbeiter in Detroit es schon sind.

Der finanzielle und technologische Fortschritt bringt somit keineswegs von selbst den sozialen Fortschritt. Im Gegenteil: Die hypermodernen Instrumente des Finanzkapitalismus schaffen via Überwachung und Börsenakkumulation völlig neue Ausbeutungsinstrumente, die um ein Vielfaches effizienter sind als die Unterdrückungsmechanismen in Mittelalter und früher Neuzeit.
Die Science-Fiction-Fantasien von der Herrschaft Künstlicher Intelligenz über die dann ohnmächtigen Menschen sind eine Projektion unserer asozialen Klassengesellschaft in eine technologische Zukunft. Hinter der KI der Zukunftsgesellschaft wird aber weiterhin eine Ausbeuterklasse aus

mächtigen Menschen stehen, wenn es nicht gelingt, ein soziales und gerechtes Gesellschaftssystem zu entwickeln.

Wie geht der niedere Stand mit seiner Ohnmacht um?

Die meisten Menschen sind abhängig beschäftigt und können sich gar nicht gegen ihre Ausbeutung wehren. Arbeiter und kleine Angestellte könnten höchstens ihren Arbeitsplatz kündigen und sich dann beim Jobcenter melden. Das will keiner. Genau darum wagen sie nicht mal, selbst bei weniger heiklen Fragen laut zu meckern. Draußen warten doch hundert andere Leute, die nehmen „meinen" Job mit Kusshand.

Die Kritiker, die doch den Mund aufmachen, spaltet man, indem man die Schuld am Kapitalismus individualisiert und sie den kleinen Leuten in die Schuhe schiebt. Du bist im System, sobald du die Schule verlässt und einen Job suchst. Wir sind wie die Fische im Aquarium, die nicht wissen, dass sie im Wasser schwimmen und draußen keines ist. Darum springen sie manchmal raus und liegen verblüfft am Boden. Der Kapitalismus um uns herum ist wie das Aquarium für die Fische, die nicht wissen, dass sie in einem Gefängnis leben. Seltsam, wer ahnt, dass er wie ein Sklave lebt, träumt nicht von der Freiheit, sondern davon, durch Fleiß zum Sklavenaufseher aufzusteigen. Am besten ist noch dran, wer im Dienstleistungsbereich arbeitet. Aber die meisten sind in Produktion, Verkauf oder Transport der Produkte beschäftigt, wo alles nach kapitalistischen Regeln abläuft.

Der mittelalterliche Ständestaat wurde von den Revolutionären mit besten Absichten bekämpft, man wollte Menschenrechte und Gleichwertigkeit. Hat nicht wirklich geklappt. Statt des Adels haben wir nun den Geldadel. Die Großkonzerne, die Hitler an die Macht halfen, kamen nach dem Krieg ungeschoren davon und machten weiter, als sei nichts geschehen. Man erzählt uns viel von Demokratie, aber wir haben nach wie vor einen Ständestaat. Eine Demokratie würde die Stände (Klassen) abschaffen, aber das wissen die Mächtigen zu verhindern. Die Klassengesellschaft ist wie eine Hydra mit sieben Köpfen, die immer wieder nachwachsen.

Der Staat ist auf Seite der Mächtigen und verteidigt diese mit Polizei und Militär. Die unteren Klassen sind weiter die Bösen, wenn sie rebellieren, wie derzeit die Gelbwesten in Frankreich. Mit dem Finger auf die Abhängigen zu zeigen ist leicht, lenkt aber nur vom Handeln jener ab, die die Mittel hätten, etwas zu verbessern, aber eben diese verteidigen nur ihre Pfründe, als wäre Gier und Selbstgerechtigkeit das Normalste von der Welt. Gerade die Neoliberalen erzählen uns gerne, der Mensch wäre gierig von Natur aus, damit ihre eigene unersättliche Gier als normal gelten kann. Derweil gibt es Pläne, die Bundeswehr auch im Inneren auffahren zu lassen, weil man Aufstände fürchtet. In Frankreich gibt es schon bürgerkriegsähnliche Gefechte mit Gummigeschossen und Molotowcocktails. So reagieren Ständestaaten, wenn die Privilegien der Oberen in Frage gestellt werden. Was gegenwärtig an Veränderungen ansteht, hat noch keine revolutionäre Klasse in der Geschichte zu leisten gehabt. Vom Schicksal der kommenden Rebellionen hängen Überleben und Freiheit der gesamten Menschheit ab. Eine verschwindend kleine Klasse von hyperreichen Milliardären pulverisiert lieber den ganzen Planeten als abzutreten oder Privilegien abzugeben.

Obwohl der Druck auf Gesellschaft und Ökologie ständig steigt, wird die Dringlichkeit der notwendigen Maßnahmen von vielen nicht erkannt. Vernebelungskampanien beschwichtigen und propagieren ein fröhliches Weiter So. Wenn eine große Anzahl von Entscheidungsträgern die Probleme weiterhin aussitzen will, steigt die Wahrscheinlichkeit einer ultimativen Katastrophe.

Die Alchemie des Geldes

Die einflussreichsten Beschwichtiger sind die Ökonomen in den diversen Think-Tanks von Regierungen und Industriellenvereinigungen. Wie die Zauberer des Mittelalters erklären sie uns die magische Geldvermehrung, hinter der auf wundersame Weise die unsichtbare Hand des freien Marktes waltet und immer wieder alles zum Besten richtet. Wenn ihre Prognosen sich mal wieder als falsch erweisen und der nächste unerwartete Crash kommt, erklären sie wortgewaltig und anhand komplizierter statistischer Modellrechnungen, welche unvorhersehbaren Zufälle zu einem derartigen Unglück führen konnten. Das würde aber sicher nie wieder passieren, weil die Wissenschaft immer besser gegen alle Eventualitäten vorbeuge. Dieser Beschwichtigungsvorgang wiederholt sich 1873, 1923, 1929, 1945, 1973, 1987, 2000 und 2008. Laut Statistik ist die nächste Krise längst überfällig und wieder werden die kleinen Leute die Zahlmeister sein.

Es ist schon seltsam, dass sich dieser Hokuspokus, der offensichtlich nicht funktioniert, als Wissenschaft geriert. Viel eher erfüllt er die Kriterien magischer Erwartungsvorstellungen, von Verfluchungen und Untergangsszenarien. Laut Werlhof (2013) sind die Wirtschaftswissenschaften eine moderne Form der Alchemie. Seit Jahrtausenden versuchen die Alchemisten, die Welt durch Experimente zu verändern und zu „verbessern". Sie suchen nach dem Stein der Weisen, mit dem man Gold erzeugen kann. Meist erzeugten sie aber nur wertlosen Abfall.
Hintergrund des Alchemisten-Traums ist der Traum der Zauberlehrlinge (Goethe). Durch geniale Erfindungen könne man zu Macht und Reichtum kommen, berühmt und angesehen werden.

Dies scheint zeitweise ganz gut zu klappen. Computer-Nerds erschufen tolle Programme und wurden in kürzester Zeit Chefs der reichsten

Unternehmen der Welt. Die Besitzer der GAFAM-Firmen sind der lebende Beweis, dass die alchemistische Umwandlung der Welt in Gold gelingen kann. Alles was Jeff Bezos, Mark Zuckerberg oder Larry Page anfassen, wird zu Gold, heute sagen wir Geld dazu.

Die Sage von König Midas erzählt aber, was nach dieser Verwandlung in Gold geschieht. Man verhungert, weil es keine Nahrungsmittel mehr gibt und man Gold nicht essen kann.

An diesem Punkt sind wir heute: Wir verwandeln die ganze Welt in Geld und zerstören damit die Grundlage unserer Existenz.

Es ist bekannt, dass Menschen, die nach Gold suchen, in einen Goldrausch geraten, der sie völlig verrückt macht. Die Gier nach Gold zerstört alle sozialen und ethischen Regeln, alle Vernunft und kostet die meisten Goldsucher das Leben. Die Phantasie vom Reichtum durch Gold bleibt aber, da es ein paar der Suchenden doch schaffen, reich zu werden.

Die Geschichte des Reichtums

Reichtum gibt es seit 5.000 Jahren, seit Menschen Getreide, Vieh und Schmuck anhäufen konnten. Ebenso lange gibt es eine Klasse von Reichen, die die Überschussproduktion individualisiert und damit die große Masse der Menschen arm und ungebildet hält. Je nach Entwicklungsstand gab es unterschiedliche Mittel der Reichtums-Akkumulation.

1. Vieh: Mit der Domestikation von Rindern um 8000 vZ konnten erstmals große Herden als Kapitalvorräte gezüchtet und angesammelt werden. Das lateinische Wort für Geld „pecunia" kommt von pecus, das Vieh. Dieses Zahlungsmittel herrscht heute noch in vielen Kulturen. Arabische Nomaden rechnen in der Zahl der Kamele, die jemand besitzt, Massai in der Zahl der Rinder, Mongolen in der Zahl der Pferde.

2. Metalle: Ab der Bronzezeit wurden Kupfer, Silber und Gold zu beliebten Zahlungsmitteln, da sie selten waren und gleichzeitig leicht zu transportieren. In Rom galt der goldene Solidus als Geldstandard, davon kommen die Worte Sold und Söldner. In Europa war seit dem Mittelalter Gold das Zahlungsmittel, das Wort Geld kommt von Gold.

3. Papier: Um 1000 nZ wurde in China das Papiergeld erfunden und später von den Europäern übernommen. Das Papier an sich ist wertlos, der Wert besteht im Münzrecht und im Recht der Staaten, Geld zu drucken. Zwar galt bis 1970 in Europa der Goldstandard, das heißt, das Papiergeld musste mit Gold unterlegt sein. Die gelddruckenden Staaten hatten aber jede Menge Möglichkeiten, den Geldwert zu manipulieren. Seitdem kommt es periodisch zu Staatsbankrotten, die eine plötzliche Enteignung aller Papiergeldbesitzer darstellen.

4. Wechsel und Aktien: Vor 400 Jahren wurde in Holland die erste Börse geschaffen. Seitdem besteht Besitz in Papierdokumenten, die Forderungen eines Kreditgebers an Kreditnehmer darstellen. Seitdem gibt es Spekulanten sonder Zahl, die rasch reich werden und ebenso schnell wieder Bankrott gehen können

5. Computergeld: Seit Erfindung des Internets wird Besitz nur mehr durch Zahlen in Computerprogrammen definiert. In dieser Zeit sind alle Geldregulationen gefallen, der Geldmanipulation sind Tür und Tor geöffnet. Dies zeigt sich in der extremen Volatilität aller Werte, wie sie es so noch nie zuvor gegeben hat. Dies ist die Grundlage des derzeitigen Casino-Kapitalismus, das Verhalten der Börsenhändler unterscheidet sich immer weniger von dem der Spielsüchtigen, die regelmäßig Bankrotte produzieren. Die Bereicherungstempo hat sich potenziert und wird immer schneller, hochmanipulative Systeme schaffen in kurzer Zeit Milliardäre, ebenso schnell werden riesige Assets wertlos.

6. Zentralbankgeld: Seit 2008 werden die Geldmengen von den Zentralbanken um ein Vielfaches der realen Werte potenziert.

Dadurch koppelt sich die Finanzwirtschaft völlig von der Realwirtschaft ab, erzeugt Blasen, die immer wieder platzen und damit zu Enteignungen der realen Geldbesitzer führen. Die überschüssigen Gelder kommen nicht mehr der Realwirtschaft zugute, da reine Finanzwertkreise viel raschere Gewinne versprechen.

Die Unsicherheit, die unser Finanzsystem erzeugt, wird immer größer, es hat sich verselbständigt und bildet den Wert der Realwirtschaft nicht mehr ab. Es ist nahezu absurd, wie uns Nationalökonomen einreden wollen, dass das von ihnen geschaffene Geldsystem das beste und rationalste der Welt sein soll. Die meisten Experten glauben das selbst nicht mehr und streiten darum, ob und wann der nächste Mega-Crash kommt.

Calvinismus vs. Marxismus

Die Geschichte der modernen Ökonomie ist von zwei Personen beeinflusst, von denen einer nahezu unbekannt, der andere von den Ökonomen verteufelt ist.

Jeder kennt Karl Marx, den Theoretiker des Sozialismus und Kommunismus. Dieser deckte vor und in der Revolution von 1848 die Missstände der Ausbeutung der Arbeiter auf und plädierte für mehr Gemeinschaftsdenken. Seine Anhänger spalteten sich ab 1889 in moderate Sozialisten und radikale Kommunisten auf. Die Anhänger des Kapitalismus betrachteten das Thema als erledigt, als 1991 die Sowjetunion kollabierte und der russische Kommunismus wenig später abgeschafft wurde. Fukuyama und die Neoliberalisten proklamierten daraufhin den Endsieg des Kapitalismus, fühlten sich als moralische Sieger und begannen, alle sozialistischen Regime zu verteufeln, als Achse des Bösen.

Das hatte natürlich mit der Realität wenig zu tun, denn der Kapitalismus hatte keineswegs gesiegt. Gesiegt hatte die imperialistische Macht der USA aufgrund ihres militärischen und ökonomischen Übergewichts. Letzteres beginnt aber bereits zu bröckeln, da die untere Mittelschicht und die Unterschicht der USA in einem kontinuierlichen Abwärtsstrudel gefangen sind. Andererseits hatte der Sozialismus auf zwei Gebieten seine Richtigkeit bewiesen. Als europäischer Sozialstaat erwies er sich sowohl in der sozialen Umverteilung als auch in der ökonomischen Ausgeglichenheit als dem US-Rigidkapitalismus überlegen. (Schulmeister 2018). Als chinesischer Staatskapitalismus wird ein kommunistisches Land demnächst die USA als größte Wirtschaftsmacht der Erde ablösen. Derzeit befindet sich der US-Kapitalismus also eher auf dem Rückzug, auch wenn er das nicht wahrhaben will.

Man kann an China vieles kritisieren, dass es keine demokratische Mitbestimmung gibt, dass Korruption und Nepotismus die kommunistischen Ideale konterkarieren. Dennoch ist die kommunistische Ideologie dem Gemeinwohl verpflichtet, während die USA immer noch das individuelle Eigentum hofieren. Wer einem chinesischen Bonzen Korruption nachweisen kann, hat die Ideologie auf seiner Seite, während ein korrupter Egoist wie Donald Trump in den USA schalten und walten kann, wie immer er will. Der Gegensatz Individuum versus Gemeinschaft wird also auch das 21. Jhdt. bestimmen, nur dass Russland als kommunistische Supermacht von China abgelöst wurde.

Womit wir zur Frage kommen, was eigentlich der Kern der kapitalistischen Ideologie ist, welche den individuellen Besitz über alles andere stellt. Damit landen wir bei der obskuren Ideologie des Jean Calvin, der im eidgenössischen Genf eine theokratische Diktatur errichtete, die Hugenotten in Frankreich, die Presbyterianer in Schottland und die Puritaner in England beeinflusste, bis schließlich mit den USA eine calvinistische Supermacht entstand, die gar nicht mehr weiß, woher ihre Werte stammen. Calvin segelte im Windschatten Martin Luthers, der die katholische Macht des Vatikans herausforderte, indem er die Gnade Gottes ins Zentrum des Glaubens stellte und damit die Macht des Papstes für überflüssig erklärte. Calvin gab dieser Lehre einen materialistischen Drall und erklärte, die Gnade Gottes äußere sich in materiellem Wohlstand. Und überhaupt sei alles von Gott vorherbestimmt, die Reichen seien Gottes Lieblinge, die Armen seien selbst schuld an ihrem Unglück.

Calvin ist ein Musterbeispiel dafür, wie eine notwendige geistige Revolution durch feindliche Übernahme pervertiert werden kann. Materialismus ist zwar als Reaktion auf die mittelalterliche Theokratie mehr als verständlich. Calvins fanatische Verteidigung der Augustinischen Prädestinationslehre ist aber ein trojanisches Pferd, um die Kraft der Revolution zu pervertieren. So wurde durch Calvin sanktioniert, dass die hierarchischen Unterschiede in der Gesellschaft gottgewollt sind. Nun ersetzte Calvin die Privilegien des Erbadels durch jene des Geldadels. Und der herrscht seitdem über die Welt und sieht es als sein gutes Recht an, den Rest der Welt auszubeuten und zu unterdrücken.

Ich bin kein Calvinist und kann die krummen Wendungen seiner Ideologie nicht wirklich verstehen, noch kenne ich die Motive, warum er das revolutionäre Potential der Reformation derartig pervertiert hat. Was ich verstehe ist, dass der Calvinismus eine obskure Neuauflage der Apologie der Reichen und Mächtigen ist, die im Fanatismus der amerikanischen Evangelikalen fröhliche Urstände feiert. Wie kann man glauben, dass man Gottes geliebtes Land ist, mit einer „Manifest Destiny", den minderbemittelten Rest der Welt zu beherrschen und zu belehren? Ohne Calvins verschrobenes Hirn wäre das nicht möglich gewesen.

Schlimm ist jedenfalls, dass die Kapitalisten nicht reflektieren, dass ihre Überlegenheits-Fantasien und Rechtfertigkeitsideologien auf höchst obskuren Wurzeln fußen, die mit Ökonomie rein gar nichts zu tun haben.

Böse Zungen könnten behaupten, dass Reformation und Sozialismus folgende Gemeinsamkeit haben: Auf geniale Gründer (Luther und Marx) folgten machtgierige Pervertierer (Calvin und Lenin), die ein idealistisches System an die Realität der Macht anpassten, mit dem Ergebnis, dass die Gegner der Revolution der Neuerung zu Recht jedes moralische Gewicht absprechen konnten, weil die Revolution ihre eigenen Ideale verraten hat. Verrückt ist allerdings, wenn die Profiteure der Pervertierung dem jeweils anderen System jede Rationalität absprechen und auf Grund pervertierter Missstände Weltkriege austragen, die dann wirklich nur mehr schlecht sind.

Nun mag man vom Kapitalismus oder vom Sozialismus überzeugt sein oder auch pragmatische Kompromisse zwischen beiden schließen wie die europäische Sozialdemokratie oder der chinesische Staatskapitalismus. Klar ist, dass ideologische Überlegenheits- und Wahrheitsfantasien nichts zur Lösung der Probleme dieser Welt beitragen.

Konkurrenz und Individualisierung

Vielen klugen Geistern fällt auf, dass unsere moderne Welt immer egoistischer und egozentrischer wird und dass der Mensch dem Menschen ein Wolf ist. Dies gipfelt in der verhaltensbiologischen These vom „egoistischen Gen" (Dawkins). Doch Egoismus und narzisstische Störungen liegen keinesfalls in unseren Genen begründet, sondern sind durch eine spaltende Erziehung verursacht, die seit 200 Generationen die „zivilisierte" Menschheit einer permanenten Gehirnwäsche unterzieht.

„Teile und herrsche" ist das Grundprinzip aller Imperien, seit es Herrschaftssysteme gibt. Wenn man Kinder, Untergebene, Frauen und Männer in gute und schlechte spaltet, untergräbt man das soziale Wir-Gefühl und stabilisiert dadurch die staatliche Macht. Der Trick ist so alt und einfach, dass er auch in jeder Familie funktioniert: „Schau mal, dein Bruder/deine Schwester macht das viel besser als du!" Schon züchtet man Minderwertigkeitsgefühle und damit auch Geltungsdrang. Wenn ein Kind 20 Jahre lang mit diesem Konkurrenzdenken manipuliert wird, lernt es, sich in der Konkurrenzgesellschaft zu behaupten. Das finale Endergebnis ist das Verhalten a la Donald Trump, jegliche soziale Verantwortung stirbt ab.

So ist die seit der Aufklärung gepriesene Individualisierung zweischneidig. Sie verspricht zwar alle Freiheiten, meint aber vor allem die Freiheit, sich schlecht, minderwertig, ungenügend, ungeliebt und wertlos zu fühlen, oder aber größenwahnsinnig, was nur eine Reaktion auf narzisstische Unsicherheit ist. All dies wissen wir seit Alfred Adler, ziehen aber keine Konsequenzen daraus.

Das Teuflische daran ist, das alle gesellschaftlichen Missstände als individuelles Versagen attribuiert werden. Dadurch können die Hierarchien jeden Protest im Keim ersticken. Wenn etwas schiefläuft, dann hast DU, der schlechte Mitarbeiter, das aggressive Kind, die hysterische Frau, etwas falsch gemacht. Also lerne gefälligst mehr, übe und perfektioniere dich, damit du eine zweite Chance kriegst.

Alle diese Abwertungen sagen über den realen Wert eines Menschen überhaupt nichts aus, sondern sind ins Gehirn eingepflanzte Trolle, die uns schwächen sollen, damit wir unsere gemeinsamen Interessen, Betroffenheiten und Anliegen nicht mehr erkennen können. Das ist uns so in Fleisch und Blut übergegangen, dass man die Auswirkung auch auf Facebook empirisch überprüfen kann.

Wann immer ich einen Systemfehler kritisiere, sind viele Menschen persönlich beleidigt, weil sie sich mit eben diesem System identifizieren. Da kann ich noch so betonen, dass es nicht um menschliche Fehler, sondern um Systemfehler geht, die persönliche Abwehr schlägt sofort zurück:

Zeigt man Fehler am Schulsystem auf, sind die Lehrer beleidigt.
Zeigt man Fehler des Wirtschaftssystems auf, sind die Arbeitnehmer und -geber beleidigt.
Zeigt man Erziehungsfehler auf, rechtfertigen sich diverse Eltern
Hält man zu den Jungen, fühlen sich die Alten auf den Schlips getreten.
Hält man zu den Frauen, drehen die Männer durch.

So entstehen unter anderem auch die ständigen Facebook-Streitereien. Die Hierarchien lachen sich ins Fäustchen, denn unsere Veränderungsenergie verpufft; die da oben können uns weiter ausbeuten, betrügen, belügen und unser aller gemeinsame Welt zerstören.

Bye bye, capitalism

Die protestantische Revolution entthronte die katholische Kirche, begrenzte die Macht der Kaiser und ersetzte beides durch einen neuen Götzen: die Macht des Geldes, die seitdem die ganze Welt zerstört. Da Kriege finanziert werden müssen, machten die ersten Bankiers die Könige von sich abhängig und setzten Söldnerheere zur Durchsetzung ihrer Geldinteressen ein. Die East India Company eroberte ganz Indien mithilfe britischer Offiziere und indischer Gurkha-Soldaten. Königin Viktoria durfte Kaiserin von Indien werden, den Profit strichen aber die englischen Kapitalisten ein, durch exzessive Ausbeutung der reichen indischen Wirtschaft. Mit dem geraubten Geld beherrscht die City of London noch heute die Weltfinanzwirtschaft. Durch den US-Neoimperialismus beuten die Multinationalen Konzerne heute die ganze Welt aus. Einige hundert Milliardäre bestimmen, was und wer leben darf und wer nicht. Die kapitalistische Weltverschwörung der Reichen wird zwar als unwissenschaftliche Verschwörungstheorie abgetan und geleugnet, aber jeder, der seine Sinne noch beisammen hat, weiß, dass die oligarchische Weltmafia brutale Realität ist.

Seit 100 Jahren haben die Völker genug von der Ausbeutung durch reiche Kapitalisten. Entgegen der heutigen Geschichtsschreibung rechnete im Jahr 1917 niemand mit dem Endsieg des Kapitalismus, denn die neue kommunistische Bewegung aus Russland war für die Massen viel attraktiver als die alten Ausbeutungssysteme, versprach sie doch Arbeit, Wohnung, Essen und Kleidung für alle. Also mehr Materielles als 90% der Bevölkerung von Europa je gehabt hatten. Die Mächtigen mussten sich etwas einfallen lassen und griffen zur ältesten Unterdrückungsstrategie des Patriarchats. Am besten destabilisiert man einen Konkurrenten durch Krieg. Was bei der Französischen Revolution auf Grund des Genies von Napoleon nicht geklappt hatte, klappte bei der russischen Revolution ausnehmend gut:
Was wäre gewesen, wenn die Sieger des 1. Weltkriegs Russland nicht in einem 6-jährigen Bürgerkrieg (1918 bis 1924) destabilisiert hätten?

Wäre dann ein friedlicher Sozialismus entstanden, der den Armen in Russland wirklich geholfen hätte, statt sie mit Terror und Gulags erneut zu traumatisieren?
Gäbe es dann heute ein antikapitalistisches Modell einer sozialen Gesellschaft, das die USA nicht einfach als Terrorismus verteufeln könnten?

Der größte Propagandaerfolg des Westens ist, dass heute niemand mehr weiß, dass die verteufelte UDSSR das Ergebnis westlicher Geheimdienstaktionen war. Zuerst mischte sich Deutschland mit Millionen Reichsmark und einem plombierten Zug für Lenin ein, um den

Bürgerkrieg anzuheizen, dann marschierten Entente-Truppen in Russland ein und bewaffneten die Lenin-Gegner. Die Kommunisten überlebten dies nur durch extreme Militarisierung und Gewaltbereitschaft, nach 6 Jahren war von den kommunistischen Ideen nicht mehr viel übrig. Dafür gaben die militärisch siegreichen Kommunisten ein wunderbares Schreckgespenst zur Stabilisierung des Kapitalismus ab, das funktioniert bis heute.

1991 schnappte der Westen über und fühlte sich als Sieger, der durch das "Ende der Geschichte" (Fukuyama) in alle Zeit weiter herrschen würde. Wie diese Geschichte endet, sehen wir gerade weltweit.

Es ist längst sinnlos geworden, Gedanken an den Kapitalismus zu verschwenden, denn er wird sich erst ändern, wenn ihn ein Konkurrenzmodell bedroht. An der Basis wachsen die neuen Gemeinschaftsmodelle längst. Eines nennt sich Soziokratie, da kann jeder mitreden und mitentscheiden, wenn er von etwas betroffen ist. Funktioniert ganz einfach mit Handzeichen und Dialog, so wie früher die Palaver in den Stämmen. Der Kapitalismus wird sich noch gefühlte 15 Jahre zu Tode siegen und dann wird es ihm so gehen wie derzeit der Sozialdemokratie, der die Wähler davonlaufen, weil die Funktionärselite die Anliegen der Basis 20 Jahre lang ignoriert hat. Nichts währt ewig, auch wenn man sich in jeder Gegenwart keine andere Zukunft vorstellen kann als eine Hochrechnung der Phänomene eben jener Gegenwart: 1914 glaubte man noch, es werde autokratische Königreiche geben bis in alle Ewigkeit, 4 Jahre später war's damit vorbei. 1987 hielt man den Sowjetkommunismus noch für eine unbezwingbare monolithische Macht, 6 Jahre später wurde die KPDSU verboten. Geschichtsprozesse dauern, aber wenn die Zeit reif ist, fegen sie erstarrte Strukturen vom Antlitz der Erde. Die Milliardärs-Oligarchie wird genauso untergehen wie das Römische Reich und alle Reiche nach ihm (das 1., 2. und 3. Deutsche Reich, das napoleonische, das osmanische, das britische Weltreich, das

Zarenreich, usw.). Mächtige klammern sich an die Macht, weil sie spüren, dass ihr Ende kommen wird wie das Amen im Gebet.

Die Diener des Patriarchats

In den letzten 5000 Jahren hat das räuberische Patriarchat die ganze Welt erobert und ist dabei, die letzten egalitären Kulturen auszurotten. Wie konnte das geschehen?
Nur mit brutaler Gewalt. Wenn ein Volk erobert wurde, wurden und werden die Eliten getötet, die Frauen vergewaltigt, geraubt und versklavt. Bei jedem Aufstand wiederholte sich dies, bis die unterdrückte Mehrheit lernte zu schweigen, um zu überleben.

Denen, die den neuen Herren nach dem Mund redeten, wurde ein Aufstieg in die Krieger-Kaste in Aussicht gestellt. Dazu mussten die Unterschicht-Söhne vor allem lernen, brutal zu kämpfen, um sich in der Schlacht auszuzeichnen. Seitdem kann man im Patriarchat „Karriere" machen, aber nur, wenn man militärisch und geistig kollaboriert.

Die Krieger-Kaste der Adligen schottete sich systematisch vom Volk ab, um es immer stärker ausbeuten zu können. Adlige stammen entweder von den Eroberern ab, oder sie waren besonders brutale Massenmörder, die „zum Dank" dafür zum Ritter geschlagen wurden.

Demokratie gab es nur in Ausnahmefällen, wenn sich die Adligen in ihren Machtkämpfen selbst dezimiert hatten. In England waren nach 200 Jahren Gemetzel um den Königsthron keine Adligen mehr übrig, sodass man einen Holländer als König einführen musste, der dafür 1688 nZ demokratische Zugeständnisse machte. Ähnlich war es in der Schweiz und in Holland. Beides waren die reichsten Länder ihrer Zeit, die sich nicht länger auspressen lassen wollten. In Europa breitete sich die Demokratie erst nach dem kollektiven Selbstmord der Krieger im 1. Weltkrieg aus.

Dennoch hat sich das System nicht geändert. Wer kollaboriert, kann Karriere machen und reich werden. Eintrittskarte war bis vor 100 Jahren eine Offizierskarriere, im 20. Jhdt. ein Universitätsabschluss in Jus, Wirtschaft oder Theologie, wo man lernte, systemkonform zu denken.

1968 durchschauten die Studenten dieses System und lehnten es ab, Karriere zu machen, weil sie den Preis der patriarchalischen Entmenschlichung nicht mehr zahlen wollten. 2019 gingen die Schüler auf die Straße, weil das Patriarchat den Planeten aus Gewinnsucht an die Wand fährt.

Die modernen Diener des Patriarchats

Die rein militärische Unterdrückung der Völker reichte in der Neuzeit nicht mehr aus, um die Massen bei der Stange zu halten. Bauernaufstände und Reformation brachten die Herrschaft der Könige und Bischöfe in Gefahr. Also schufen die sich geistige Eliten, um ihren Herrschaftsanspruch per Manipulation zu sichern. Im Mittelalter hatten die Klöster die Deutungshoheit, aber mit Luther brachen sogar die Mönche aus dem System aus. Also bekamen die Universitäten die Aufgabe, den Massen die Welt zu erklären. (Die Welt des Patriarchats wohlgemerkt!) Nach wie vor entschieden die Könige, welches Wissen erwünscht und was des Teufels war, weil sie die Universitäten und Lehrstühle stifteten und bezahlten. Juristen, Theologen und Historiker achteten bewusst oder unbewusst darauf, dass die Mächtigen immer Recht behielten.

Mit der Industrialisierung wurden viele Adlige und Offiziere zu Firmenchefs und organisierten die Konzerne wie Militäreinrichtungen. Im 20. Jhdt. wurde militärische Eroberung zu kostspielig, die ökonomische Machtübernahme ging viel schneller und brachte mehr Geld.

Die Belohnung der Kollaborateure funktioniert aber immer noch nach dem gleichen System. Wer „Karriere" macht, indem er Mensch und Natur gewissenlos ausbeutet, darf sich mit korrupten Boni-Millionen hemmungslos bereichern. Proteste werden mit Manipulation durch Lobbyisten, Think Tanks und Millionärs-dienlicher Forschung abgeschmettert, wovon Professoren gut leben können. Der Hausverstand der Menschen gilt als Dummheit, weil er der Manipulation in allem widerspricht. Notfalls macht man Verwirrmanöver, indem man die Wut der Betrogenen auf die Ausländer umlenkt, die ja bekanntlich an allem schuld sind. Die Ohnmacht der Ausgebeuteten wird in die Angst vor „völkischer Überfremdung" umgelenkt. Ein Irrwitz der Weltgeschichte, denn weder gibt es reinrassige Völker noch eine kulturelle Bedrohung durch Nachbarn. Aber es gibt genug Schergen der Mächtigen, die den Leuten diesen Unfug einhämmern.

Die ökonomische Ausbeutung

Die Propaganda redet uns ein, dass das Leben noch nie so schön war wie heute. Doch das stimmt nicht. Die meisten Menschen sind unzufrieden, wünschen sich ein anderes Leben, fühlen sich unfähig, weil sie sich selbst die Schuld an ihrem Misserfolg geben.
Dabei müsste jeder Mensch in Europa ein fantastisches Leben führen, gemessen an den Ressourcen, die jeder verbraucht. In Wirklichkeit sind wir manipulierte Sklaven des kapitalistischen Patriarchats, das Melkkühe braucht statt glücklicher Menschen.

Über den Kapitalismus haben Karl Marx und seine Schüler ausgezeichnete Analysen geschrieben, die heute leider als widerlegt gelten, weil die kommunistischen Ideen von Stalin und Mao pervertiert worden sind. Diesen „Endsieg" des Kapitalismus verdanken wir aber dem deutschen Generalstab, der im 1. Weltkrieg den Leninisten zur Herrschaft in Russland verhalf, weil die deutschen Generäle glaubten, durch die Destabilisierung Russlands den Krieg gewinnen zu können. 1991 brach nur die stalinistische Diktatur der Parteikader in sich zusammen, nicht der ursprüngliche Kommunismus von Marx und Engels.

Die Apologeten des Kapitalismus verwechseln in ihrer Kommunismus-Verdammung die „Diktatur des Proletariats" mit der „Diktatur der Parteikader".
Ersteres ist eine Metapher von Karl Marx, um die Übernahme der Macht durch die arbeitende Bevölkerung zu beschreiben. Dabei könne die Mehrheit der Proletarier wohl keine Rücksicht auf die Minderheit der entmachteten Unterdrücker nehmen. Deren Diktatur müsse wohl durch die Umkehrung der Machtverhältnisse beendet werden, durch eine vorübergehende „Diktatur" der Mehrheit über die Ausbeuter, bis die egalitäre kommunistische Gesellschaft aufgebaut sei.

Lenin und seine radikalkommunistischen Bolschewiki ersetzten die „Diktatur des Proletariats" durch die Diktatur der Parteikader. Das letztere klingt zwar ähnlich, ist aber das Gegenteil von ersterem. Marx meinte die Verteilung der Macht auf die Mehrheit der Bevölkerung, Lenin die Konzentration der Macht auf eine noch kleinere Gruppe, als es die Adligen schon waren. Damit wurde der Kommunismus pervertiert und nur das Programm der radikalen Leninistischen Minderheit ist mit der Sowjetunion zusammengebrochen. In China überlebt der Kommunismus, weil er immer größere Teile der Bevölkerung in die Machtstrukturen der KPCh einbindet.

1991 verstieg sich der amerikanische Kapitalismus in einen letzten Machtrausch, wähnte sich ohne ideologische Konkurrenz und sprach vom Ende der Geschichte (Fukuyama). Bald würde man die ganze Welt mit dem Wohlstand des „American Way of Life" beglücken. Was dabei herauskam, kann jeder täglich in der Zeitung lesen: Die Welt steht am Abgrund, ohne Garantie auf das Überleben der Menschheit. Noch nie musste eine Generation von Entscheidungsträgern so viele Probleme auf einmal lösen wie die heutige.

Die Kritik am Kapitalismus war keineswegs falsch und wacht in vielen Formen wieder auf. Die kritische Theorie der Frankfurter Schule (Horkheimer, Marcuse, Adorno) hat haarklein aufgedeckt, wie wir durch den kapitalistisch-militärischen Komplex bis in die letzten Details unseres Alltags manipuliert werden und warum die kapitalistische Konsumgesellschaft zum Scheitern verurteilt ist. Tausende NGOs führen einen täglichen Partisanenkampf gegen die Mächtigen und bringen immer mehr Details ans Licht, wie diese uns übers Ohr hauen und dabei den Planeten zerstören.

Die kritische Patriarchats-Theorie kluger Frauen geht noch einen Schritt weiter (Werlhof 2011). Der Kapitalismus ist nur ein Teil eines weltumspannenden Patriarchats, das alles Leben auf dieser Erde ausbeutet, unterdrückt und gefährdet.

Sprache als autoritäres Herrschaftsinstrument

Jedes Imperium der letzten 500 Jahre hat die Sprache als "Soft-Power" benutzt und via Lehnwörter alle beherrschten Länder infiziert. Wir haben noch jede Menge französischer Lehnwörter, in meiner Kindheit war die deutsche Sprache noch eine Art Halbfranzösisch, das haben wir nur vergessen. Inzwischen sind wir eine amerikanische Sprachkolonie und über die englischen Ausdrücke werden unsere "Kids" auf American Style getrimmt. 1970 lebte ich ein Jahr in den USA und lernte deren Kultur kennen. 10 Jahre später schwappte alles nach Österreich, von den McDonalds-Fressbuden bis zum Slang der Kids. Insofern ist Sprache ein hochwirksames Instrument für den Absatz von US-Produkten und US-Ideologien.

Wenn eine Herrschaft 400 Jahre dauert wie im Römischen Reich, verdrängt die Herrschaftssprache alle Nationalsprachen und die regionalen Kulturen sterben aus. So wurde Latein zur hochgelobten Sprache von Kultur und Religion. Aus dem italischen Dialekt der römischen Militaristen wurde die Sprache Gottes. Angeblich. In Wirklichkeit übernahmen die Militaristen das Christentum.

Visionär war George Orwells Aufzeigen des Neusprech-Mechanismus als Weg zur totalen Herrschaft. Neusprech ist inzwischen überall, in den Medien, der Politik, der Wissenschaft, der Wirtschaft und wir merken es nicht einmal. Neusprech-Wortschöpfungen führen meist die Hitliste der Wörter des Jahres an: Nullwachstum, Minuszinsen, Schuldenabbau, Entbürokratisierung, nationale Sicherheit - alles verlogene Euphemismen, die die Herrschaft des Finanzkapitals über die globale Welt aufzeigen.

Sogar die deutsche Sprachwissenschaft wurde in den Dienst der Politik gestellt. Die Germanisten ließen sich als Instrument des preußischen Militarismus missbrauchen, um Deutschland zu uniformieren. Sie machten die korrekte Rechtschreibung zum Synonym für Intelligenz und Aufstiegschance. Mit der Neuen Rechtschreibung führten sie ihr eigenes System wieder ad absurdum und zeigten damit auf, dass die Rechtschreibregeln völlig willkürlich gesetzt, weil von oben verordnet sind.

Die empirische Wende

Alle reden von Forschung und folgen dem Zug der Lemminge des Empirismus. Seit 40 Jahren dürfen nur kleinste Elemente der Welt erforscht werden, diese dafür ganz genau. Das Ergebnis spiegelt diese Grundregel wider: Unter großem Getöse speit die Wissenschaft verschrumpelte Korinthen, für die man langsam Lupen braucht, um darin Fortschritt erkennen zu können.

Das Ergebnis ist bezeichnend: Durch das Verbot, ganzheitlich zu denken, weil unwissenschaftlich und unbeweisbar, werden die wichtigen Zusammenhänge übersehen. Vor allem in den Geistes- und Sozialwissenschaften ist das Ergebnis geistlos, irrelevant und irreführend. An geistentleerten Brocken wird ewig herumgekaut, um dann Uralt-Wissen, das banal und selbstverständlich ist, als empirischen Fortschritt zu verkaufen.

In den naturwissenschaftlichen Disziplinen gibt es zwar Fortschritt, aber auch der ist desaströs, zerstört die Ökosysteme und die bewährten Gesellschaftssysteme. Dies wird als notwendige Disruption verkauft, an die man sich halt anpassen müsse. Fröhliche Forschung bis in den Weltuntergang der Zauberlehrlinge.

Es ist Zeit für eine geistige Wende, die von der Ganzheit des Lebens und des Kosmos ausgeht und nicht von den kleinsten Teilen, die sich längst in Luft aufgelöst haben. Die Quantenwelt ist ein eigener Kosmos, den wir noch nicht verstehen. Darauf unsere Welt der Erkenntnis aufzubauen, ist kollektiver Irrwitz.

Es ist Zeit, die Denker und Denksysteme dieser Welt aus den Kerkern der Wissenschafts-Inquisition freizulassen, damit die Forschung die Realität in ihrer Ganzheit abbilden kann. Der Kosmos ist viel größer und vielfältiger, als die Leugner in den positivistischen Elfenbeintürmen wahrhaben wollen.

Die empirische Schlagseite der Wissenschaft hat reale Gründe, die im Wesen des Finanzkapitalismus begründet sind. Die Komplexität des multidimensionalen Universums lässt sich nicht in erwünschte Elemente des Finanzimperiums operationalisieren. Die Geldwirtschaft braucht reduzierte Einheiten, die gemessen und verwertet werden können. Die Ungewissheit unendlicher Dimensionen gefährdet die eindimensionale Messtheorie, die Fortschritte suggerieren soll. Um den Erfolg von Wirtschaftswachstum zu belegen, braucht es eindimensionale Skalen von links unten nach rechts oben, die den Aktionären ein Gewinnwachstum suggerieren, das mit realitätsnahen multidimensionalen Skalierungen nicht belegt werden kann. Deshalb reduziert man die Forschung auf eindimensionale Variablen und schließt alle „Störvariablen" aus der Messung aus. Das hat sehr viel Ähnlichkeit mit selbsterfüllenden Prophezeiungen, die darauf beruhen, dass man nur das sieht, was die eigene Wunschvorstellung bestätigt. Eine stringente Theorie wird dadurch suggeriert, dass man per definitionem alle Variablen ignoriert, die im Widerspruch zum gewünschten Ergebnis stehen. Wer eine Wissenschaft erlernen will, muss die vorherrschende Theorie internalisieren und als Wahrheit anerkennen. Dies schränkt den Denkfortschritt im Sinne der Auftraggeber ein, die sich dann voller Inbrunst auf die wissenschaftliche Bestätigung ihrer Tätigkeit berufen.

Das größte Denkhindernis ist die Identifikation mit einem bestehenden Denksystem. Hier fühlen sich viele Forschende angegriffen, obwohl sie gar nicht gemeint sind, sondern ein System, das reformiert gehört, weil auch die Forscher darunter leiden, weil falsche Systemgrenzen sie einengen, ihnen Karriere- und Entfaltungsmöglichkeiten rauben, ihre Kreativität bremsen und damit eben nicht dem Fortschritt dienen. Die evolutionsbiologisch bedingte Identifikation mit einer physischen oder geistigen Gruppe vereinfacht zwar die Welt, bildet die Realität aber nur verzerrt ab. Dies endet in der Fraktionierung der Gesellschaft, auch der wissenschaftlichen, in unendlich viele Gruppen von Theorie-Anhängern, die ihre subjektiv empfundene Wahrheit rigid verteidigen und den Dialog mit Alternativtheorien verweigern. So wird es schon schwierig, wenn Positivisten mit Phänomenologen an einem Tisch sitzen. Muss ja auch nicht sein, aber die Kreuzzüge, die in den letzten 100 Jahren gegen Tiefenpsychologie, Phänomenologie, Diffusionismus, Vitalismus, Neuplatonismus, Transzendentalismus, feministische Philosophie und viele andere Theoriesysteme geführt wurden, sind kein Ruhmesblatt der Geistesgeschichte. Naturwissenschaftlicher Materialismus und ökonomischer Neoliberalismus fühlen sich als Sieger im Kampf der Wahrheiten, feiern aber in Wahrheit den Sieg des Reduktionismus, der den Großteil der Realität des Geistes ausblendet und für nichtig erklärt. Die Folge davon ist das Verschwinden der ökologischen, kulturellen und geistigen Vielfalt auf unserem Planeten.

Dieses Phänomen der wissenschaftlichen Reduktion der Welt auf überschaubare Variablen nennt Thomas Bauer (2018) die Vereindeutigung der Welt: Auf der Suche nach scheinsicherer Eindeutigkeit vergewaltigt der normierte Mensch die Welt, die aus Vielfalt, Veränderungsprozessen, Schwingungen und variierenden Übergängen besteht. Phänomene sind keine abgegrenzten Schubladen, sondern sich wandelnde Prozesse, basierend auf quantenmechanischen Wahrscheinlichkeiten. In unserem Streben nach Vereinfachung machen wir es uns zu einfach, denken in Schwarz und Weiß und verlieren alle Grautöne und Farben.

Unsere technisierte und normierte Welt braucht mehr Ambiguitätstoleranz, das Aushalten von Unterschieden und Gegensätzen. Mann und Frau, Alt und Jung, Klug und einfach – es gibt so viele Gegensätze, die zwischen Polen schwingen. Diese auf einen Pol zu reduzieren, reduziert auch die Welt und unser Denken. Am Ende werden wir Maschinenmenschen, die zwar mit Maschinen kommunizieren können, aber ihr Menschsein verlieren.

Dies hilft weder Mensch noch Natur, denn alle Lebewesen sind in hohem Maße multidimensional. Es nützt aber der Finanzökonomie, die die Komplexität der Welt auf Gewinn, Geld und Wirtschaftswachstum reduziert wissen will. Diese einfache reduzierte Weltsicht lässt sich leicht als eigentliche, verlässliche Realität verkaufen, da sie den vom Schulsystem verbildeten Menschen eine Denksicherheit vorgaukelt, die es im Multiversum gar nicht geben kann. So verkaufen sich die Finanzjongleure, die in utopischen Geldszenarien operieren als Verteidiger einer einfachen Realität, die sie selbst konstruiert haben, aus egoistischem Gewinninteresse, das hinter einer Scheinobjektivität versteckt wird.

Die Schieflage der Technologie

Wir leben in einer Technik-begeisterten Zivilisation. Was neu ist, ist besser. Was mehr Technik enthält, muss einfach besser sein. Diese Maxime wurde uns so eingebläut, dass wir gar nicht merken, wenn viele Fakten dem widersprechen. Im Rausch der neuen Möglichkeiten schien dies lange unbezweifelbar.

Als wir Kinder waren, erzählten unsere Väter und Mütter voller Begeisterung vom Segen des technischen Fortschritts, durch den alles immer besser wurde. Im Wirtschaftswunderland der Nachkriegszeit schien das auch zu stimmen. Jeder neue Apparat verhieß neue Freuden: Wer sich einen Kühlschrank leisten konnte, hatte täglich frisches Essen. Mit dem Auto wurden wir mobil und konnten fahren, wohin wir wollten. Der Fernseher brachte die weite Welt ins Heim. Die Hi-Fi-Anlage garantierte ungekannte Ohrenfreuden. Keiner machte sich darüber Gedanken, wie die tollen Geräte produziert wurden und was für einen Preis wir über den nominellen Preis hinaus dafür zu zahlen hätten. Die Banken waren die Hohepriester dieses Fortschritts, sie stellten über

Spareinlagen und Kredite die finanzielle Fortschrittsenergie zur Verfügung, die das Entwicklungstempo beschleunigte und waren daher über jede Kritik erhaben.

In den 70-er Jahren kamen erste Zweifel am Fortschrittssystem auf. Zu jedem Vorteil gesellte sich schnell ein Nachteil, den man für den Fortschritt in Kauf nehmen musste. 1972 behauptete der Club of Rome, dass der Gipfel des Fortschritts bald erreicht sei und es danach, all unseren Wünschen zum Trotz, nur mehr bergab ginge. Dies wurde durch einige bedenklichen Entwicklungen bestätigt.

Die hochgejubelte Atomkraft paarte sich mit der Angst vor dem Atomkrieg. Die Schlote der Industrie verschmutzten die Luft und machten den Städtern das Atmen schwer. Saurer Regen ließ Bäume absterben, Spraydosen führten zum Ozonloch, plötzlich war das geliebte Sonnenlicht gefährlich. Mülldeponien verseuchten Böden und Grundwasser. Alles kein Problem, beruhigten die Politiker. Jedes technische Problem würde bald durch weitere technische Innovationen gelöst werden.

Meine Generation der Nachkriegskinder ist inzwischen alt genug geworden, um zu wissen, dass diese Versprechen nicht eingelöst wurden. Zwar bekam man Wasser- und Luftverschmutzung in den Griff und die Bäume sterben nicht mehr ab, zumindest nicht in Mitteleuropa. Alles andere wird aber immer schlimmer. Längst ist die unreflektierte Technik-Begeisterung zum Hauptproblem unserer Gesellschaft geworden.

Die Atomkraft ist noch gefährlicher als von den AKW-Gegnern befürchtet. Der bis vor kurzem belächelte Klimawandel läuft aus dem Ruder. Das Artensterben bedroht zwei Drittel von Flora und Fauna. Höchste Zeit nachzudenken, eine Bilanz und daraus die Konsequenzen zu ziehen. Zunächst die Bilanz.

Noch jede Technologie der letzten 100 Jahre hat zu unermesslichen Schäden bei Mensch und Natur geführt, die erst zugegeben wurden, wenn die Konzerne schon ihren Reibach gemacht hatten. Die Gesellschaft darf dann die Folgen beseitigen, während die Firmen „the next big thing" anpreisen, das uns angeblich sooooo glücklich machen wird. Die Kampagne zur Ausbeutung der Menschen verläuft immer gleich:

1. Das Militär oder ein Mega-Konzern entdeckt eine Technologie, die Gewinnpotential hat.
2. Erfindungen, die gut für Natur und Menschen, aber schlecht für Generäle und Kapitalisten sind, werden unterdrückt oder aufgekauft, verschwinden in geheimen Schubladen.
3. In einer Medienkampagne wird eine glorreiche Zukunft mit dem neuen Produkt verheißen, unter Minderberücksichtigung von Mensch, Natur, Gesellschaft und Spiritualität.
4. Über gezielte Manipulation wird in den Gehirnen der Menschen eine Gier nach dem neuen Produkt erzeugt. Wer es nicht hat, ist ein Grufti und gehört nicht dazu.
5. Wenn die Schäden nicht mehr geleugnet werden können, werden die Folgekosten dem Staat und den Konsumenten aufgebürdet.

Es gibt unendlich viele Beispiele, wie eine schädliche Technologie eine ökologische verdrängt hat, obwohl die ökologische viel besser erprobt war.
Kohledampfschiffe verdrängten Segelboote. Erdöl verdrängte Wasser-, Wind- und Sonnenenergie. Flussregulierungen verdrängten alle nützlichen Wasserbiotope. Chemie verdrängte Naturheilkunde und biologische Landwirtschaft. Benzin verdrängte Elektroautos. Flugzeuge verdrängten Zeppeline. Atomkraft verdrängte Tesla-Energie. Monokulturen verdrängten Gartenbau. Plastik verdrängte Jute und Hanf. Bei Handy, Internet und 5G werden die schädlichen neurologischen und sozialen Folgen noch geleugnet, aber von kritischen Menschen bereits angeprangert.

Man fragt sich, warum die globalen Weltwirtschaftstanker unverdrossen in eine Richtung dampfen, in der die Kritiker längst Ölteppiche, Plastikstrudel und tote Meere beobachten. Hier kommt dem Bankensystem eine enorme Bedeutung für das Festhalten an gewinnschöpfenden und gleichzeitig umweltschädigenden Methoden zu. Denn die Banken entscheiden via Kreditvergabe, Aktienportfolios, Merger und Akquisition über die Alimentierung bestimmter Wirtschaftsbranchen, die gleichzeitig das Aushungern und Blockieren konkurrierender Alternativen bedeutet. Da die Banken allein der Gewinnmaximierung verpflichtet sind und damit alle ethischen, ökologischen und sozialen Kriterien als irrelevant ignorieren, stabilisieren sie in überproportionalem Ausmaß überholte und schädigende Gewinnsysteme solange, bis diese ganz offensichtlich keine Gewinne mehr abwerfen. Damit blockieren sie langfristig alle Alternativenergien, Start-Ups und zukunftsorientierten Lösungsansätze. Die Großbanken sind damit die Hauptursache für die umwelt- und gesellschaftsschädigende Antiquiertheit der Weltwirtschaft, die die notwendigen Neuerungen blockiert und abbremst, bis manche „points of no return" unwiderruflich überschritten sind.

Dies ist in doppeltem Sinn destruktiv und ineffektiv. Denn sobald schädigende Effekte einer Technologie bekannt werden, sind weitere Investitionen in solche Technologien ökonomisch ineffektiv. Denn einerseits können sich z.B. neue AKWs nicht mehr amortisieren, auf Grund der zu geringen Nutzungsdauer. Auf der anderen Seite müssen die horrenden Kosten des Rückbaus von der Gemeinschaft abbezahlt werden, da die Betreiberfirmen ab einem gewissen Punkt der Ineffektivität in Konkurs geschickt werden. Dies ist beim Atomausstieg längst geschehen. Die AKW-Industrie hat erreicht, dass der deutsche Staat einen Blankoscheck für die Übernahme der Abbaukosten ausgestellt hat. Nur durch diese Exkulpierung rechnet sich die Atomindustrie überhaupt noch eine Gewinnchance für neue AKWs aus. Bei vollem Gewährleistungsrisiko mit den erforderlichen Rückstellungen wäre die AKW-Industrie längst bankrott und tot, unabhängig von den Anti-Atom-Protesten. Ein führender Wirtschaftsexperte sagt der Ölindustrie ein ähnlich schnelles Ende voraus, das er für das Jahr 2027 berechnet hat, weil ab da die Ölnachfrage ins Bodenlose sinken wird und keine Bank mehr in Öl investieren wird. Die Ölindustrie hat daher nur mehr 7 Amortisationsjahre vor sich, was heißt, dass jede weitere Investition in Bohrlöcher oder Ölfelder bereits jetzt unrentabel ist.

Diese harte Rechnung von Wirtschaftlichkeit, die alle Kostenfaktoren, auch die der Beseitigung von Umweltschäden und Langzeitrisiken miteinbezieht, straft die offiziellen Rentabilitätsprognosen vieler traditioneller Branchen Lügen. Hier kommt den Banken eine gesellschaftsgefährdende Wirkung zu. Aus kurzfristigen Gewinnüberlegungen lassen sie die realen Wirtschaftlichkeitsberechnungen außer Acht, im Vertrauen, dass die Langzeitkosten sowieso der Staat übernehmen muss. Dazu dient auch die Fusion zu Großbanken, die dann „too big to fail" sind und daher, unter Verweis auf Arbeitsplätze und Absturzrisiko, schuldfrei gestellt werden müssen. Das hat schon 2008 wunderbar funktioniert und die Banker fühlen sich daher berechtigt, weiterhin die unmoralischen Vorteile dieses verkehrten Systems zu nutzen. Damit zerstören sie aber die Finanzmittel, die die Welt so dringend für die ökologische Wende braucht. Somit sind die Banken mitnichten Garanten des Fortschritts, sondern eher die Totengräber der Weltwirtschaft und Garanten des befürchteten Untergangs. Darüber kann das Greenwashing von angeblich ethischen Investmentfonds nicht hinwegtäuschen, die mehr der Image-Pflege dienen, als dass sie einen echten Wechsel der Bankenstrategien anzeigen.

Insofern ist die Wechselwirkung zwischen Banken- und Industriesystem in dramatischem Ausmaß zukunftsgefährdend. Denn in diesem Jhdt. werden wir all die schädlichen Technologien wieder rückbauen müssen, um zu überleben und die Erde zu retten. Es schadet nicht, dass immer mehr Alte die langen Zeiträume von der Produkteinführung bis zum Aufräumen der Konsequenzen überblicken. Dann überlegt man sich, ob es nicht in vielen

Fällen effizienter und sinnvoller wäre, manche Neuerungen gar nicht erst einzuführen und Mensch und Natur lieber in Ruhe zu lassen.

Die Schieflage der Wissenschaft

Um die vielgepriesene Objektivität der Wissenschaft ist es längst nicht so gut bestellt, wie die Lobgesänge der Medien vermuten lassen. Die gilt in besonderem Maße für die Nationalökonomie. Laut Pahl (2017) ist die Wirtschaftswissenschaft ein isolierter Block, der von den Geisteswissenschaften nicht verstanden wird und umgekehrt. Die Darstellung in mathematischen Formeln wirkt als Hindernis, umgekehrt werden qualitative Thesen ignoriert. Der Mainstream der Neoklassik hat großen Einfluss auf Regierungen und Politik, während die kritische New Economic Sociology noch wenig Auswirkung außerhalb des Faches hat. Eine kritische Wirtschaftssoziologie muss Wirtschaftsthesen nicht nur im Nachhinein, sondern schon in Entstehung und Gegenwärtigkeit bewerten, um Fehler des Mainstreams aufzuspüren. Ökonomie ist keine empirische Wissenschaft im strengen Sinn. In den letzten 10 Jahren haben sich soziologische Beiträge zur Ökonomie gehäuft, insbesondere wegen der mangelnden Performance der Ökonomie während und nach der Wirtschaftskrise 2007, 2008 und in den Folgejahren. Die Performativitätsforschung kritisiert den Neoliberalismus und erklärt dessen massiven Einfluss damit, dass es diesem gelungen ist, die Wirklichkeit anhand der eigenen Theoreme umzuwandeln. Daraus entsteht ein dogmatischer Zirkelschluss. Der Neoliberalismus kreiert aus seinen Theoremen Daten, die er dann als empirischen Beweis für die Theoreme heranzieht (Schulmeister 2018), obwohl diese von wirklichkeitsfremden Prämissen ausgehen. Völlig einmalig ist die zwischen 1930 und 1950 vollzogene Monoparadigmatik, mit der es der Neoklassik gelungen ist, alle alternativen Theorien abzuqualifizieren und damit den in Sozialwissenschaften üblichen Methodenpluralismus auszuschalten. Ludwik Fleck (2011) erklärt diesen Vorgang mit Denkstilen, die von einem Denkkollektiv getragen und durchgesetzt werden, wobei die Forschung gezielt in erwünschte Richtungen gelenkt wird und nur bestimmte Methoden erlaubt sind. Der neoliberale Denkstil geht von folgenden unbewiesenen, wirklichkeitsfernen Prämissen aus, um seine mathematischen Modelle aufstellen zu können:

1. Die Gütervielfalt ist allen Akteuren bekannt.
2. Es liegen identische Wahrnehmungen der Zukunft vor.
3. Kollektive Akzeptanz eines zentralistischen Preissetzungsmechanismus.
4. Alle Akteure nehmen eine strikt utilitaristische Haltung ein.

Diese Gleichgewichtstheorie und damit die gesamte Mathematisierung der Ökonomie wird inzwischen heftig als Fehlentwicklung kritisiert. Die neoliberale Konterrevolution gegen den Keynesianimus arbeitete mit suggestiver Lehrbuchgestaltung und suggestiven Bildern und Graphiken, die als Wirklichkeit hingestellt werden, obwohl die mathematischen Differentialgleichungen kaum auf empirischen Daten beruhen. Eine Transformationsmöglichkeit sieht Pahl in agentenbasierten Modellierungen, die mehr Erklärungsvielfalt zulassen.

Seit dem Energieschub durch fossile Energien im Kohle-, Erdöl- und Erdgaszeitalter gibt es eine unheilvolle Gewinnallianz zwischen Industrie und Banken, wobei die Nationalökonomie als Rechtfertigungsscharnier gute Dienste leistet und die Technologie aufgrund der fast kostenlosen Energie hohe Gewinne verspricht. Dies führte zu einer höchst einseitigen und auf lange Sicht Menschheits-gefährdenden Forcierung umweltschädlicher Technologien. Dies wollte bis zum Aufstand von Fridays for Future niemand so richtig wahrhaben, weil besonders nach 1945 die rapide Zunahme der Güterproduktion der Gesellschaft als Fortschritt verkauft werden konnte. So sind wir Europäer stolz auf die Naturwissenschaft, die wir in den letzten 500 Jahren zur Blüte gebracht haben. Diese liefert uns Wissen, das es in einer traditionellen

Stammesgesellschaft nicht gibt. Die Möglichkeiten, die uns in die Hände gefallen sind und noch fallen werden, sind scheinbar unendlich:
Wir können bald zum Mars fliegen, auch wenn wir nicht recht wissen, was wir dort sollen. Wir können Atomkerne spalten und Genome verändern, auch wenn wir immer noch keine Ahnung haben, was am Ende dabei herauskommen wird. Wir können alle fossile Energie, für deren Entstehung es 3 Milliarden Jahre gebraucht hat, auf einmal verheizen. Wir können mit unseren Teleskopen fast bis zum Urknall zurückblicken, auch wenn wir noch nicht wissen, ob es den tatsächlich gegeben hat.

Eines fällt auf: Unser Wissensfortschritt ist einseitig. Wir verlieren uns in den Weiten des Himmels und in den Nanowelten der Quanten. Wie wir Hobbits auf Mittelerde derweilen überleben sollen, zählt in den Elfenbeintürmen der Professoren wenig. Wie diese Schieflage entstanden ist, ist leicht erklärt: Auch in der Wissenschaft gilt „Wer zahlt, schafft an". Gerade an den hochgelobten amerikanischen Elite-Universitäten entscheiden schwerreiche Sponsoren darüber, was geforscht wird und was nicht (Der größte Sponsor ist übrigens das US-Militär).

Wissenschaft durch Falsifizierung (Popper) ist im Prinzip objektiv. Die Entscheidung, wohin die Forschungsgelder fließen und was geforscht werden darf, ist aber sehr subjektiv und meist auch sehr politisch. Das hat zur Folge, dass lernwillige Studenten an den Universitäten nicht immer das vorfinden, was sie zu lernen hoffen.

Die Knebelung der ganzheitlichen Geistes- und Sozialwissenschaften durch die dafür ungeeignete, der Physik entlehnte Empirie hat zur Folge, dass Fortschritt nur aus den Naturwissenschaften kommt und die Welt vor allem durch technische Neuerungen verändert wird. Die Summe der initiierten Veränderungen der Welt schafft eine Einseitigkeit, die das Ganze gefährdet. Es geht nicht um eine absolute Wahrheit, die es nicht gibt, sondern um das Gleichgewicht aller Teile; welche Teile uns zurück ins Gleichgewicht und welche die Natur zum Kippen bringen.

Es ist schön, dass wir das Weltall bis zum Urknall erkundet haben, aber das hypothetische Rechnen mit immer mehr Unbekannten wird unsere Probleme auf der Erde nicht lösen. Auch noch mehr Staudämme und noch größere Teilchenbeschleuniger werden die Natur nicht retten, ganz im Gegenteil. Jede neue unnatürliche Technologie erhöht das Risiko, dass neue Probleme auftauchen, die die Natur nicht mehr verkraften kann, weil sie jetzt schon wegen der verleugneten Technologieschäden aus dem letzten Loch pfeift. Nicht die Techniker sind das Problem, sondern unsere Technikfixierung, die alle durch die Technik verursachten Probleme mit noch mehr Technik beseitigen will. Wir müssen zur Kenntnis nehmen, dass Kernspaltung zu Strahlenverseuchung und hemmungslose Chemieproduktion zu Gift- und Plastikverseuchung führen, dass unser Fischfang die Meere und unsere Monokulturen die Böden zum Kippen bringen. Jetzt mit Geo-engineering auch noch die Luft mit Schwermetallen zu verseuchen, ist selbstmörderisch, denn nach allen bisherigen Erfahrungen werden solch ungewisse Experimente schiefgehen und nach der Hydro-, der Geo- und der Biosphäre auch noch die Atmosphäre zerstören.

Denken ist gut, einseitiges Denken gefährdet die Welt. Um den Waagebalken zurück ins Gleichgewicht zu bringen, brauchen wir ein Gleichgewicht zwischen Alt und Jung, Mann und Frau, Mensch und Natur, Fortschritt und Stabilität. Sonst werden wir nicht mehr lange überleben.

Die destruktive Finanz-Elite

Alle Appelle von Denkern wie Christian Felber oder Stephan Schulmeister, das Gemeinwohl in die wirtschaftlichen Modelle einzubeziehen, werden von den Experten brüsk als unrealistische Fantastereien abgetan, obwohl Schulmeister lange Leiter des ersten Wirtschaftsforschungs-Instituts von

Österreich und in dieser Funktion Nachfolger von Friedrich von Hayek war. Das mutet doch seltsam an.

Die einfache Wahrheit dahinter ist, dass das Geldwesen in Europa und Amerika von einer kleinen Finanzelite gesteuert wird, die wiederum vor allem den Milliardären zuarbeitet. Geld gibt es vor allem für die reiche Minderheit, die machtlose Mehrheit wird schleichend bestohlen. Das weiß jeder und jeder kann zusehen, wie es abläuft: Millionäre, Staaten und Industrielle erzeugen Aktien- und Schuldenblasen, indem sie die Preise in die Höhe treiben. Am Höhepunkt schöpfen sie die Gewinne ab, worauf die Aktienpreise fallen. Die Schulden werden dann auf die kleinen Sparer und Steuerzahler umverteilt. Dies ist ein offiziell geduldeter Diebstahl an der Mehrheit der Bürger, seit 2008 richtet er die entwickelten Gesellschaften zugrunde und es ist nur eine Frage der Zeit, wann die nächste Blase platzt und die stille Mehrheit wieder zur Kasse gebeten wird. Dies geht solange gut, bis der ganze Staat bankrott ist, dann verlieren die Bürger ihr gesamtes Vermögen. Das ist kein Naturereignis, sondern eine späte Tilgung der Schulden, die durch jahrzehntelange Gewinnentnahmen der Reichen in astronomische Höhen gewachsen sind. Das „Tolle" an diesem Finanzsystem ist, dass Reichtum individualisiert und Schuld kollektiviert wird.

Als ich ein Kind war, wurde uns versichert, dass kein Staat bankrottgehen kann und das Geld auf der Bank am sichersten sei. Inzwischen gehen Banken bankrott. Mit Schrecken habe ich registriert, dass Österreich und Deutschland regelmäßig Staatsbankrotte erlebt haben. Beim Staatsbankrott 1873 ging die vielgepriesene Creditanstalt bankrott. 1923 verloren mein Urgroßvater und mein Großvater ihr gesamtes Vermögen, 1945 verlor meine Familie alles ein zweites Mal. Selbst mein Vater kam in der sogenannten Wirtschaftswunderzeit nicht ungeschoren davon:
Mein Vater war ein Leben lang treues Mitglied einer österreichischen Traditionspartei. Mit 60 musste er erleben, dass eben diese Partei zuließ, dass ihm seine Betriebspension, für die er ein Arbeitsleben lang Beiträge

eingezahlt hatte, ersatzlos gestrichen wurde. Von da an schimpfte er nur mehr über die Politiker. Als junger Mensch fand ich die Wut meines Vaters übertrieben. Jetzt mit 65 geht es mir wie ihm. Ich entdecke immer mehr Grauslichkeiten, wie wir von den mächtigen Eliten übers Ohr gehauen werden. Die Finanzwirtschaft ist zu einem Monopoly-Spiel der Millionäre verkommen, die nicht mehr in die Wirtschaft, sondern nur mehr in aufgeblasene „Finanzprodukte" investieren. Um die dadurch aufgeblähten Blasen aufzufangen, muss die EZB ständig per Computertaste neues Geld erschaffen, was zu einer Inflation der Immobilienpreise um über 100% geführt hat. Es ist eine Chuzpe von Winkeladvokatenqualität, dass dies nicht in die Inflation eingerechnet wird, die es daher offiziell gar nicht gibt. Derlei Finanzakrobatik von Geldschwemmen, Optionskäufen und Quantitative Easing versteht kein Mensch und diejenigen, die es verstehen, haben schlaflose Nächte in Erwartung des ultimativen Finanzzusammenbruchs.

Der einfache Mensch weiß nur, dass alles Geld von der Zentralbank kommt, die es aus dem Nichts erschafft, ohne jeden Bezug zu realen Werten. Jeder Österreicher weiß auch, dass er via Staatsverschuldung mit 40.000 € verschuldet ist, ohne je etwas von diesem Geld gesehen zu haben. Wenn unser Geldsystem schon so beliebig ist und vor allem den Banken und den Vermögensverwaltern zu sagenhaften Gewinnen verhilft, dann ginge es doch viel einfacher: Jeder Österreicher sollte von der Zentralbank 40.000€ Startkapital erhalten, damit er sich eine Wohnung anzahlen oder eine Firma gründen kann. Schließlich haftet auch jeder von uns für 40.000€ und zahlt im Falle eines Staatsbankrotts so viel für die Schulden des Staates. Wenn einer seinen Kredit versemmelt, dann hat er so viel wie jetzt auch, nämlich nichts. Da das die meisten nicht wollen, werden die meisten Staatsbürger aus ihrem Startkapital sehr viel mehr machen als die Banken, die es irgendwann verspekulieren oder brav an die Reichen abliefern.

Jetzt höre ich schon den Aufschrei der Finanzexperten, was ich da für einen Unsinn rede, weil ich nichts von Finanzen verstünde. Immerhin habe ich als Selbständiger 25 Jahre mein eigenes Unternehmen geführt, Steuern bezahlt, keinerlei Subventionen bekommen, meine Familie erhalten und keine Schulden gemacht. Das sollen die sogenannten Experten mir erst einmal nachmachen.

Geheimgesellschaften

Im 17. und 18. Jhdt. entstanden diverse Geheimgesellschaften: Freimaurer, Rosenkreuzer, Illuminaten. Im Zeitalter der absolutistischen Könige war es nicht ratsam, offen seine Meinung zu sagen. Außerdem hatte der offene Protest in den Glaubenskriegen gerade 100.000en Menschen das Leben gekostet. Die Gegenreformation der Bischöfe und Könige griff zu radikalen Mitteln, um die Kritiker wieder mundtot zu machen. Daher gingen diese in den Untergrund und schufen ein Gesetz des Schweigens: Niemand durfte verraten, was in den Geheimtreffen besprochen wurde und wer aller dazu gehörte, denn ähnlich wie in den Diktaturen des 20. Jhdt. bedeutete ein solcher Verrat meistens das Todesurteil für die Enttarnten.

Die Könige verstärkten ihre Geheimdienste und die militärische Überwachung, die katholische Kirche desgleichen, in allen Beichtstühlen saßen ihre Spione. Sie wandte mit heiligem Zorn die Kraft des „Glaubens" nach innen und Leidtragende waren wieder mal die armen Gläubigen. Die katholische Glaubenslehre wurde rigider als je zuvor, jede Kritik, jede freie Meinungsäußerung wurde sofort geahndet, Protestanten des Landes verwiesen und enteignet. Die Jesuiten wurden Träger der Gegenreformation und trieben mit gefinkelten Argumenten den armen Seelen die ketzerischen Gedanken aus.

Militärisches Patt + geistige Unterdrückung = geistige Stagnation.

Die Menschen des Barocks zogen sich ins Privatleben zurück, denn da war es sicherer, und sie hielten den Mund.

In Zeiten der Aufklärung hörten die Menschen natürlich nicht zu denken auf, ganz im Gegenteil, sie durften sich nur nicht beim Denken erwischen lassen. So sammelten sich bei den Freimaurern die klügsten Köpfe Europas, z.B. Wolfgang A. Mozart, Franz Stefan v. Lothringen, viele Wissenschaftler und Philosophen. Die Geheimgesellschaft der Freimaurer ist bis zum heutigen Tag hochaktiv und nach wie vor erzählt sie nicht, was sie treibt.

Immerhin ist durchgedrungen, dass Winston Churchill ein Hochmeister der höchsten englischen Loge war und seine Taten sind bekannt. Um die Pläne und Gedanken der Freimaurer ranken sich bis heute jede Menge Gerüchte, das macht sie nur noch interessanter. Die Freimaurer stehen im Verdacht, eine geheime Weltregierung anzustreben und als Deep State auch schon verwirklicht zu haben, nichts Genaues weiß man nicht. Aktenkundig ist, dass die Gründung der USA ein Projekt der Freimaurerlogen war, zu denen sowohl George Washington als auch Thomas Jefferson gehörten. Da es die Freimaurer auch heute in großer Zahl gibt und sie nach wie vor nicht sagen, was sie tun oder zu tun gedenken, ist es zu folgendem Schluss nicht weit: Die reichen Freimaurer der USA und Großbritanniens unterstützen sich seit 300 Jahren gegenseitig, daraus gingen die reichen Milliardäre des Westens hervor. Da ihnen der Großteil des Weltkapitals gehört, ziehen sie als Deep State des Neoliberalismus im Hintergrund die Fäden der globalen Politik. Nach allen offiziellen Statements ist das eine Verschwörungstheorie, allerdings eine sehr plausible, an die sehr viele Menschen glauben. Die meisten Geheimgesellschaften geben nur bekannt, dass sie zum Wohl der Menschheit arbeiten und daher nur Gutes tun. Da man das aber nicht überprüfen kann, ist Misstrauen angesagt. Mit ziemlicher Sicherheit sind Freimaurerlogen, Lions und Rotary Clubs kapitalistische Netzwerke zum gegenseitigen Vorteil. Sie schreiben sich auf die Fahnen, dass sie die Aufklärung vorangetrieben und Kaisern und Kirchenfürsten die verderbliche Macht entrissen haben. Viele haben aber den Verdacht, dass die Freimaurer als geldgieriges Kartell einfach selbst die Macht übernommen haben und die Staaten zum eigenen Vorteil manipulieren.

Damit nicht genug: In allen diktatorisch oder absolutistisch regierten Staaten bildeten sich im Untergrund mafiöse Geheimverbände, die Gesetze umgehen und ganz sicher nicht das Wohl der Menschheit im Sinn haben: italienische und russische Mafia in Europa, Triaden und Yakuzas in Asien, arabische Clans, die derzeit Deutschland in Besitz nehmen. Da diese Verbrecherclans das Schweigen mit der Omerta erzwingen, weil jeder, der nur im Verdacht des „Singens" steht, sofort erschossen wird, sind sie hocheffizient in der Durchsetzung ihrer kriminellen Ziele und bilden riesige Schattennetzwerke im Untergrund, organisieren den Drogenhandel, die Prostitution, den Waffen- und den Menschenhandel. Die Entstehung der Mafia-Verbände geht direkt auf das Konto der Diktatoren und Ausbeuter, da in einer offenen, demokratischen Gesellschaft eine Mafia-Karriere mit ständigem Todesrisiko nicht attraktiv ist, in einer Ausbeutergesellschaft aber sehr wohl. Verdächtig ist auch, dass es zwischen dem Deep State und den Mafia-Verbänden offensichtlich ein Gentlemen-Agreement gibt, dass eine Krähe der anderen kein Auge aushackt. Entgegen den spannenden Hollywood-Filmen, in welchen tapfere Polizisten die Bösen besiegen, legt sich die Polizei aller Länder möglichst wenig mit der Mafia an, weil sie dabei sowieso nicht gewinnen kann, verhaftet lieber ein paar Kleinkriminelle und bringt sie per aufgebauschten Gerichtsprozessen ins Gefängnis, um Publicity zu machen. Anders ist es nicht zu erklären, dass in Deutschland niemand gegen die frauenverachtende Prostitution und den damit verbundenen Menschenhandel mit gepressten Osteuropäerinnen vorgeht. Alles kein Problem oder was? In den USA ist es noch schlimmer:

Die Kriminalisierung nahezu aller Drogen außer Alkohol befeuert die Geschäfte der Mafia und treibt ihnen die Junkies geradezu in die Arme. Der hochgelobte Kampf gegen die Drogen dämmt den Drogenhandel nicht ein, sondern gießt nur Öl ins Feuer. Die paar Drogenpakete, die die Polizei manchmal erwischt, kostet die Mafia einen Lacher und treibt höchstens deren Preise in die Höhe. In Ländern, die Marijuana legalisieren, wie z.B. Holland und einige US-Bundesstaaten, sinken sehr schnell Drogenmissbrauch, Drogenhandel und Macht der Mafia.

Ein Schelm der da Böses denkt. Ich vermute, dass es eine funktionierende Kooperation zwischen den kriminellen Mafia-Banden, der Waffenmafia und dem Deep State gibt, zum wechselseitigen Vorteil. Die Mafiosi brauchen die Grauen Eminenzen des Staates, um ihr Drogengeld zu waschen. Dafür haben diese jede Menge Schattengeld zur Verfügung, das sie für ihre Manipulationen einsetzen können. Jeder weiß, dass Präsident Kennedy durch Mafia-Wahlbeeinflussung an die Macht gekommen ist und erst liquidiert wurde, als er den Pakt mit der Mafia aufkündigte. Offiziell ist das natürlich eine Verschwörungstheorie, so wie 9/11, die Bankkrise von 2008 und vieles andere mehr. Historisches Faktum ist hingegen, dass die US-Army die italienische Mafia wieder in Amt und Würden eingesetzt hat, nachdem es dem bösen Mussolini als einzigem Staatsführer der Geschichte gelungen war, die Macht der Mafia zu brechen.

Solange es Geheimgesellschaften gibt und diese nicht durch echte demokratische Partizipation von 100% aller Menschen überflüssig werden, kann man nur Vermutungen anstellen, was sie genau treiben. Dass sie im Geheimen aber sehr viele Unternehmungen am Laufen haben, davon kann man mit 100%iger Sicherheit ausgehen. Man kann es halt nicht vor Gericht beweisen, aber das ist ja auch der Sinn des ganzen Systems. Man kann es auch nicht mit wissenschaftlichen Studien belegen, solange alle relevanten Daten unter Verschluss gehalten werden, wozu das ominöse Wort „Staatssicherheit" in allen Fällen ausreicht. So bleiben es Verschwörungstheorien - das sind Theorien über Verschwörungen, und Verschwörungen sind alle kriminellen Geheimverbände im Untergrund. Die gibt es mit 100%iger Sicherheit.

Black Friday Gebet - Ode an den Black Friday:

Advent, Advent
es brennt, es brennt
der Konsument
dann brennen zwei, dann drei, dann vier
sie treten ein die Kaufhaustür
Sie tragen Schnäppchen stolz nach Haus
Weihnachten geht das Geld dann aus
Ein schräger Blick dem Kontostand
ein Aufschrei geht durchs ganze Land
So haben wir´s doch nicht gemeint
das Fest, das uns ja alle eint
in unsrer Sehnsucht nach dem Frieden
der wenigen nur ist beschieden
Wer inn´ren Frieden sucht, der findet
ihn nicht. Er bucht und kauft und läuft
und dann den Kummer er ersäuft.
Drum Leut´, seid gscheid
glaubt nicht den schwarzen Geistern,
des Marketings genialen Meistern
Sie lull´n euch ein mit plumpen Lügen
kassieren dann in vollen Zügen.
Wohlan, der Friede ist nicht weit.
Der Beutel, der die Liebe bringt
sodass ihr dann vor Freude singt
ist nicht voll Geld, das Kaufleuten gefällt
ist ganz in eurer Mitte
und pulst und schlägt den ganzen Tag
für euch und alle, unverzagt.
Sein Segen endet nie
bringt Frieden dir und Harmonie.

II. Verteilungskämpfe

Die Tricks des Finanzpatriarchats

Seit 5000 Jahren gibt es eine patriarchalische Oberschicht mächtiger Männer, die ihre Macht mit geistigen, ökonomischen und militärischen Mitteln absichert und verteidigt. In allen geschichtlich fassbaren Zeiten liegt ein Großteil des verfügbaren Kapitals in den Händen der Oberschicht, um den Preis, dass 90% der Weltbevölkerung in Armut oder relativer Armut leben. Gold und Geld sind der sichtbare Ausdruck dieser Macht, neben den Tempeln und den Waffen in den Kasernen. Geld ist Macht, mit Geld wird die geistige und militärische Unterdrückung finanziert. Das war immer so und ist heute so, mehr als jemals zuvor.

Seit es Geld gibt, sind alle Geldtheorien vom Machtdenken verseucht. Die Mächtigen beanspruchten die Münzprägung und das Gelddrucken für sich. Ursprünglich war es das Recht der Könige, heute liegt die Macht bei den Zentralbanken. Deshalb beherrscht heute die weltweite Finanzindustrie den ganzen Globus und richtet ihn auch zugrunde, obwohl sie behauptet, dass Geld der Welt den Fortschritt bringt. Fortschritt interessiert die Mächtigen aber nur, wenn der Gewinn zurück in den eigenen Geldbeutel fließt.

Dabei ist Geld ursprünglich nur ein Tauschwert. Naturvölker tauschten Güter, die sie im Überfluss hatten, das war der Beginn allen Handels. Das Tauschmittel war im Grunde völlig egal, meist nahm man Muscheln, besondere Steine oder Metalle. Das Geldmittel an sich war zu allen Zeiten eher wertlos, nur die Tauschvereinbarung einer Gruppe von Menschen wies dem Mittel einen Wert zu.

Dies wurde in der Krise von 2008 für alle sichtbar. Wenn man per Mausklick unendlich viel Geld schöpfen kann und damit so viel Liquidität herstellt, wie man nur will, ist die Frage, wer die Macht der Geldschöpfung hat. Und das sind nun mal die Mächtigen, dies war zu allen Zeiten so. Wer heute die Macht über die Zentralbanken hat, ist der Herrscher der Welt.

Das kennen wir nicht anders. Zugang zu Geld bekommen wir dann, wenn vom Tisch der Mächtigen ein paar Brosamen abfallen, von denen die kleinen Leute leben können. Wenn wir als brave Sklaven durch Wohlverhalten und Anpassung ans System glänzen, bekommen wir ein bisschen mehr, wer protestiert, bekommt gar nichts. So ist nun mal der Lauf der Welt.

Natürlich sind die Leute nicht dumm und merken, dass sie in diesem System übers Ohr gehauen werden. In allen Revolutionen der letzten 500 Jahre ging es um eine gerechtere Verteilung des Geldes. Die Revolutionäre versuchten es mit neuen Geldtheorien: statt Reichtum von Gottes Gnaden erfand man die Theorie des Eigentumsrechtes für alle, statt individuellem Reichtum versuchte man es mit kommunistischen Gemeinschaftseigentum. Aber das nutzte alles nichts. Solange die Mächtigen auf den Geldtöpfen saßen, fanden sie immer neue Wege, um das Geld wieder in die eigenen Töpfe zu lenken, allem Schein zum Trotz. Da Geld das größte Machtmittel ist, konnten die Besitzenden immer wieder die alten und die neuen Machtmittel bezahlen, die Eliten bestechen und durch Korruption regieren. So änderten sich zwar die Finanztheorien und vor allem deren Begründungen, aber das ist für die schweigende Mehrheit der Menschen im Grunde völlig egal. Die Realität der ungerechten Verteilung zwischen denen da oben und uns da unten blieb immer gleich, zumindest relativ gesehen.

Bis jetzt sind daher alle Geldtheorien im Grunde Theorien der Macht, alles andere Gewäsch ist schöner Schein. Derzeit wird der schöne Schein mit

„hochwissenschaftlichen" mathematischen Gleichungen poliert, die im Grunde nur ein komplizierter Fake sind, den sowieso keiner versteht, der nicht Professor für Nationalökonomie ist. So wie früher die Bischöfe alle Diskussionen mit dem Willen Gottes abwürgten, so tun dies heute die „Think Tanks" mit der unsichtbaren Hand des Marktes, die auf wunderbare Weise alles zum Besten wendet. Jeder weiß und sieht zwar, dass dem nicht so ist, aber wer es laut ausspricht, bekommt von den „Experten" sofort die Eselsmütze aufgesetzt.

Dabei wäre es ganz einfach, zum egalitären Tauschhandel der Naturvölker zurückzukehren und wieder gleichen Wert gegen gleichen Wert zu tauschen, mit Computerkonten ist das so einfach wie nie zuvor. Dazu muss man nur alle Finanzmacht-Theorien entzaubern und über Bord schmeißen.

Fehlallokationen

Das wichtigste Scharnier der Weltwirtschaft ist die effiziente Allokation der produzierten Güter. Allokation ist die Verteilung der Güter an diejenigen, die sie nutzen wollen, weil sie sie brauchen. Jede Produktion ist sinnlos, wenn die Verteilung an die Menschen, die ein Gut benötigen, nicht klappt. Dann spricht man von Fehlallokation, die dazu führt, dass Lebensmittel verderben und Güter weder verkauft noch genutzt werden können.

Dies ist das ignorierte Hauptproblem der globalen Wirtschaft, die in der Produktion hypereffizient, in der Verteilung aber katastrophal schlecht ist. Ein Großteil der Nahrung geht in Produktion, Lieferung und Lagerung verloren. Ein Großteil der produzierten Güter landet auf dem Müll. Dies ist kein Naturgesetz, sondern hat eine klare historische Ursache. Die nennt sich Verteilungsungerechtigkeit, verursacht durch egozentrische Verteilungskämpfe.

Seit es Besitz gibt, wird über dessen Verteilung gestritten, gemordet und Krieg geführt. Die geschriebene Geschichte ist vor allem eine Geschichte der Raubzüge, der Korruption und der Ausbeutung von Ohnmächtigen durch die Mächtigen.

Bei den Naturvölkern war und ist es noch anders. Da gehört alles allen Angehörigen eines Stammes. Beute, Nahrung und Ressourcen werden geteilt, da die Gemeinschaft nur überleben kann, wenn es allen gut geht. Missetäter werden aus der Gemeinschaft ausgeschlossen, dadurch verstärkt die Gemeinschaft das soziale Verhalten aller.
Vor 5000 Jahren entdeckten mächtige Männer, dass man mit Waffen und berittenen Truppen Länder erobern und Menschen versklaven kann. Wer die stärkeren Truppen hatte, sicherte sich den Löwenanteil an Nahrung, Kleidung, Gold und Schmuck. Seitdem gibt es Schätze, die in Burgen und Banken gehortet werden.

Der Konkurrenzkampf aller gegen alle führt seit Jahrtausenden dazu, dass die Ressourcen höchst ungleich verteilt werden. Die ungleiche Verteilung ist seitdem das Hauptproblem der Menschheit. Seit 40 Jahren nimmt dieser Missstand extrem zu und gefährdet den Planeten. Aus mehreren Gründen:

Zum ersten ist die Einkommensschere zwischen Reich und Arm höchst ungerecht. Es widerspricht dem moralischen Empfinden aller Menschen, dass wenige Privilegierte millionenfach mehr besitzen und verdienen als der Durchschnitt und dafür Millionen Arme am Rand des Verhungerns dahinvegetieren. Die kapitalistischen Wirtschaftstheorien liefern zwar hochwissenschaftliche Apologien, warum es nicht anders geht. Diese sind aber in keiner Weise glaubwürdig und widersprechen unserem evolutionsbiologischen Hang zum sozialen Zusammenhalt.

Zweitens gefährdet die Verteilungsungerechtigkeit den sozialen Frieden, führt zu Aufständen, Rebellionen, Bürgerkriegen und nationalen Kriegen. Schimpansen und Menschen werden nur dann aggressiv, wenn sie fürchten zu verhungern. Dann töten sie Artgenossen und essen sie sogar auf.

Drittens gefährdet die Fehlverteilung das ökologische Funktionieren des Planeten. Ungleiche Verteilung ist per definitionem eine Fehlverteilung. Wenn ein Großteil der Menschen zu wenig hat, um menschenwürdig leben zu können, dann werden immer größere Ressourcenmengen verbraucht und wird auf die Umwelt keine Rücksicht mehr genommen.

Viertens ist die Güterkonzentration dabei, völlig zu entgleisen, weil die Mächtigen immer effizientere Wege finden, den Großteil des Wirtschafts-, Ressourcen-, und Geldwachstums in die Taschen der Privilegierten zu leiten. Je mehr Ressourcen die Armen zerstören, um nicht zu verhungern, desto mehr nehmen ihnen die Reichen wieder weg und desto mehr neue Ressourcen müssen wieder zerstört werden. Es gibt einen direkten Zusammenhang zwischen Armut und Umweltzerstörung. Je weniger für die Armen übrigbleibt, desto mehr Wälder müssen sie niederbrennen und desto mehr Gewässer werden leergefischt.

Diese Fehlallokation kann sich die Menschheit nicht mehr leisten. Die Erde kann 10 Mrd. Menschen ernähren und im ökologischen Gleichgewicht bleiben, wenn die Ressourcen gleich auf alle 10 Mrd. verteilt werden. Dies allerdings nur dann, wenn jeder Mensch mit dem Nötigen versorgt wird und auf jene Güter verzichtet, die er gar nicht braucht und auch wenig bis gar nicht nutzt.

Davon sind wir aber Lichtjahre entfernt. Der eskalierende Trend zur Geldkonzentration beim reichsten Prozent der Menschheit setzt alle Naturgesetze von Effizienz und Ressourcenkreisläufen außer Kraft. Aus Sicht des Planeten ist die kapitalistische Reichtums-Akkumulation das ineffizienteste Ressourcenverbrauchssystem, das es jemals in der Geschichte der Erde gegeben hat.

Die Natur arbeitet mit 100% Energieeffizienz. Alles, was ein Lebewesen braucht, um zu überleben, gibt es der Umwelt zu 100% wieder zurück, in Form von Ausscheidungen, Bewegungsenergie, Reproduktion und Kompostierung des Körpers der Verstorbenen. Daher sind auch riesige Leittiere wie Elefanten oder Wale hoch energieeffizient, obwohl sie sehr viel Nahrung brauchen. Dafür ernähren ihre Ausscheidungen und Leichname auch ganze Ökosysteme und treiben sie damit an.

Der reiche Mensch glaubt sich über diesen Kreislauf erhaben. Er akkumuliert irrsinnige Mengen an leblosen Gütern (Paläste, Flugzeuge, Schmuck, Gold), allein für sein Privatvergnügen und für Prestigegüter, mit denen er angeben kann. Welchen Sinn hat es, dass Nicolas Cage dutzende Schlösser kauft, die er gar nicht bewohnen kann und John Travolta dutzende Flugzeuge? Welchen Sinn machen die riesigen Luxusjachten von Ölscheichs und Oligarchen? Welchen Sinn haben erlesene Diamantencolliers, die man gar nicht mehr aus dem Safe nehmen kann, will der Träger nicht sein Leben riskieren?

Der Kapitalismus dreht derzeit das Gesetz des Lebens um in sein Gegenteil. Seit 3,8 Mrd. Jahren verwandelt die Natur immer mehr anorganische Stoffe in organische. Unsere Technologie zerstört immer mehr Biomasse und produziert lebloslen Müll. Das ist der Gipfel der Absurdität und das Gegenteil von Effizienz.
Die Technologie argumentiert ständig mit Effizienz und verdrängt dabei die fehlende Effektivität. Man kann zwar immer schneller immer mehr produzieren (Effizienz), erzielt damit aber immer weniger positive Effekte. Die Summe des menschlichen Energieverbrauchs weist längst eine negative Effektbilanz auf, weil durch den Energieeinsatz mehr zerstört als aufgebaut wird.

Die Menschheit hat kein Problem mit Überbevölkerung und Energie, alle derzeitigen Probleme ergeben sich aus der Verteilungsungerechtigkeit, da diese zu Fehlallokationen in allen Lebensbereichen führt, in desaströsem Ausmaß. Die Grundbedürfnisse der derzeit 7 Mrd. Menschen könnten mit einem Bruchteil des derzeitigen Ressourceneinsatzes gedeckt werden, wenn es auf der Welt gerecht zuginge. Damit würden sich alle anderen Probleme fast von selbst lösen.

Die Kriegsindustrie

Seit Beginn des Patriarchats vor 5000 Jahren ist die Kriegsindustrie die größte weltweite Fehlallokation von Gemeinschaftsmitteln. Jeder weiß und bedauert das, aber scheinbar kann niemand etwas dagegen tun.
Es zahlt sich also aus, über Sinn und Unsinn von Kriegen aus ökonomischer Sicht nachzudenken.
Krieg dient der Herstellung von Macht und der Absicherung von Macht. Das ist sein einziger Daseinszweck. Er liegt allein im Interesse der Eliten und schadet in jedem Fall der Allgemeinheit. Alles andere ist Lüge.

Mit kunstvollen Neusprech-Konstruktionen reden uns die Mächtigen ein, dass Krieg den Frieden sichert. Dies war noch nie der Fall und ist es auch jetzt nicht. Die Mär der Verteidigung von Frau und Kind gegen den bösen Feind stimmt schon lange nicht mehr. Dies stimmt nur bei „primitiven Stämmen", die ihr Revier gegen Eindringlinge aus anderen Stammesgebieten verteidigen. Dabei gibt es in der Regel wenige Toten, die Reviergrenzen werden schnell wieder respektiert und Frauen und Kinder sind tatsächlich gerettet.

Die ersten größeren matrifokalen Menschengruppen brauchten keinen Krieg, sie entstanden vor allem durch Handel. Wenn im ganzen Flussnetz von Donau, Euphrat, Indus, Amazonas und Nil per Schiff Güter getauscht wurden, dann standen größeren Menschengruppen mehr Ressourcen zur Verfügung und konnten mehr Menschen ernährt werden.

Krieg ist eine Erfindung der südrussischen indogermanischen Reiterhorden, die die Vorräte der Großgruppen stahlen und sich schließlich als Kriegerkaste an deren Spitze setzten. Seit damals (3000 vZ) gibt es die Macht einer Kriegerkaste (sogenannte Adlige) über eine ausgebeutete Mehrheit. Und dies weltweit, soweit die Naturvölker ausgerottet und zurückgedrängt wurden.

Kriegswaffen und -industrien sind Erfindungen der Kriegerkaste zur Eroberung neuer Länder und zur Akkumulation von mehr Macht. Einen anderen Sinn haben sie nicht. Die geschriebene Geschichte ist eine Ansammlung von Eroberungskriegen zur Schaffung immer größerer Reiche zum Wohle immer mächtigerer Oberschichten.

Alle Ideologien von Ruhm und Ehre sind Täuschungsmanöver der Oberschicht, um die Unterschicht bei der Stange zu halten. Man gaukelt den Eseln vor, dass sie durch Wohlverhalten ein paar Karotten abgekommen würden. Dies funktioniert nur in Ausnahmefällen, die dann allen anderen als lohnendes Beispiel vor die Nase gehalten werden. Hie und da wird ein tapferer Krieger in den Adelsstand erhoben, weil er möglichst effizient möglichst viele Menschen getötet hat. Wer sich von diesem Versprechen locken lässt, landet aber in 99% der Fälle als Leiche auf dem Schlachtfeld. Bezeichnenderweise sterben selten die Generäle, die der Oberschicht entstammen, sondern nur die einfachen Rekruten, die arme Schweine aus der Unterschicht sind. Dies ist evolutionsbiologisch der Trick aller Raubtiere, um sein Revier zu sichern, indem man jüngere Konkurrenten tötet, bevor sie einem gefährlich werden können. Je mehr Tigerbabys ein Tiger tötet, desto länger bleibt er an der Macht. Je mehr Soldaten ein Heerführer verheizt, desto mächtiger wird er. Die Kanonenfutter-Orgien der modernen Kriege machen diesen Machtmechanismus nur allzu offensichtlich. Da werden eben nicht Frauen und Kinder geschützt, denn meist verlieren sie nur den Ehemann, Vater und Familien-Erhalter. Krieg stößt Frauen und Kinder in die Armut, alles andere Geschwätz ist eine penetrante Lüge.

Indigene Männer brauchen keine Waffenindustrie, die eigenen Muskeln und speerähnliche Holzspieße reichen vollkommen aus, um die Familie zu retten. Die Speere schneidet man bei Bedarf im Wald, das kostet keinen Cent.

Waffentechnologie und Rüstungsindustrie dienen allein der Macht und dem Reichtum der Oberschicht. Durch überlegene Waffentechnologie konnte die europäische Oberschicht per Kolonialisierung den ganzen Globus ausbeuten und damit den unendlichen Reichtum schaffen, der heute als Finanzindustrie die Erde tyrannisiert. 90% der Menschheit haben von den Waffen gar nichts außer Leid, Armut und Tod. Auch für das Gewaltmonopol der Polizei reichen einfache Pistolen vollkommen aus, die können als Glock-Pistolen allein vom kleinen Österreich produziert werden und den ganzen weltweiten Polizei-Bedarf abdecken. Alles andere ist Schmonzes und gefährdet die Existenz der Menschheit.

Die Rüstungsindustrie ist aber längst zum effizientesten Instrument der Reichtums-Akkumulation geworden. In der Waffentechnologie sind die Gewinnspannen am größten und die Kontrollmechanismen am schwächsten. Waffenhändler haben die besten Chancen, rasch in die Oberschicht aufzusteigen und umgehen in der Regel alle gesetzlichen Bestimmungen zur Begrenzung des Waffenhandels. Waffenschieber profitieren von Kriegen in allen Größenordnungen und dies in mehrfacher Hinsicht. In Kriegszeiten werden am meisten Waffen verkauft, Gewinnspannen und Korruption am wenigsten kontrolliert. Rüstungsfirmen haben daher keinerlei Interesse an friedlichen Zeiten, denn die sind für sie geschäftsschädigend. Typischerweise gibt es auf allen Kontinenten ein inoffizielles Machtkonglomerat aus Rüstungsindustrien, mafiösen Vereinigungen und Militärs. Österreich hat im Zuge des Abfangjägerskandals einen kleinen Zipfel der Waffenkorruption gelüftet, doch seit 15 Jahren scheitern alle Versuche, die Waffenkorruptionsverbrechen dingfest zu machen. Das ist kein Zufall, es ist immer so, in allen Ländern der Welt.

Jeder weiß, dass wir binnen 10 Jahren alle globalen Probleme lösen könnten, wenn die Rüstungseliten entmachtet und die riesigen Friedensdividenden für humane Projekte eingesetzt werden könnten. Aber da sind halt alle Militärs dieser Welt dagegen, die Rüstungschefs applaudieren dazu.

Der Religionskapitalismus

Zu allen geschichtlich bekannten Zeiten wurden und werden etwa ein Drittel der Ressourcen den Kirchenführern zur Verfügung gestellt. Dies mag als in Ordnung empfunden werden, solange die Kirchen via Tempeln, Glaubensschulen und Ritualen die geistigen Bedürfnisse der Bevölkerung erfüllen. Dies gilt aber meist nur für das Anfangsstadium einer Glaubensbewegung, also z.B. für das Urchristentum, den Urbuddhismus und die vielen kleinen spirituellen Bewegungen aller Zeiten. In diesen kreativen Anfangsstadien kommen spirituelle Menschen und Gemeinschaften meist mit sehr wenig Geld aus, ja propagieren sogar Armut und Mittellosigkeit als Weg zur spirituellen Entwicklung.

Nach einigen Jahrhunderten an der Macht entwickeln die meisten Kirchen starke Hierarchien und beanspruchen dann entsprechend viele Mittel. Die katholische Kirche verbrauchte das ganze Mittelalter hindurch bis in die frühe Neuzeit ein Drittel der Geldressourcen Europas. Solange eine Gemeinschaft stolz ist auf die Errichtung gotischer oder barocker Kathedralen, in denen alle gemeinsam feiern, mag dieser Einsatz gerechtfertigt erscheinen. Wenn aber via Zehent, Pachtzinsen und Kirchensteuern den Armen Geld abgepresst wird, das in kirchlichen Korruptionskanälen versickert, wird es problematisch. Im mittleren

Stadium der Machtentwicklung werden alle Kirche ausbeuterisch und wenden sich gegen das eigene Kirchenvolk. Um 1500 nZ verwendete die katholische Kirche die abgepressten Kirchengelder für Prunk und diverse Unterdrückungsinstrumente wie Inquisition, Glaubenskriege und Gegenreformation. Das extreme Stadium der Fehlallokation von Kirchengeldern ist erreicht, wenn eine Religion die spirituellen Bedürfnisse der Bevölkerung in keiner Weise mehr erfüllt, sodass ihr die Gläubigen per Austritt davonlaufen, und dennoch alle Staatsbürger weiterhin die Kirche alimentieren müssen, ob sie nun wollen oder nicht. Diese absurde Situation herrscht derzeit in Europas ehemals katholischen Ländern.

Per Staatsverträgen sind Deutschland, Österreich, Italien und Spanien gezwungen, die Kirche mit Steuergeldern zu finanzieren und ihr Personal zu bezahlen, obwohl die katholische Kirche nach dem Staat die vermögendste Einrichtung in diesen Ländern ist. Die katholische Kirche kassiert 90% der Subventionen für Religion, obwohl nur maximal ein Viertel der Bevölkerung aktiv den katholischen Glauben lebt. Dies ist absurd und ein eklatanter Missstand von Fehlallokation. Über den in tausend Jahren akkumulierten Reichtum beeinflusst die Kirche weiterhin die Politik dieser Länder in überproportionalem Maße. Die meisten Synoden, Reformkommissionen, Pfarrgemeinderäte, Priesterseminare etc. dienen dem Schutz überholter Traditionen und behindern damit den Fortschritt, den die Welt so dringend zu ihrer Rettung braucht. Statt Geld zum Schutz der Natur, des Klimas, der Mütter, der Kinder, der Frauen usw. bereitzustellen, füttern die konservativen Parteien weiterhin die Säckel reicher Kirchenfürsten. Dies ist eine absurde Religionsindustrie, die nur ihren Selbsterhalt pflegt und nichts mehr zur Gemeinschaft beiträgt, dafür aber die Meinungshoheit über Moral und Sitten beansprucht und monopolisiert, während hinter den Kulissen Kinder missbraucht, Frauen ausgebeutet und die positive Körperwahrnehmung behindert werden.

Die Finanzindustrie

Laut Piketty (2020) hat die angelsächsische Finanzindustrie herzlich wenig mit den moralischen Prinzipien des Kapitalismus a la Adam Smith am Hut. Smith forderte nämlich ein ehrliches Wirtschaften ohne Schulden und ohne Ausbeutung, zum Vorteil aller. Diesem Anspruch kamen im 18. Jhdt. China und Indien nahe, nicht jedoch England und Frankreich, die führenden europäischen Kolonialmächte. In China und Indien gab es damals einheitliche Wirtschaftsräume mit organisiertem Warenaustausch zu gleichen Bedingungen im ganzen Land. In beiden Ländern, und auch im Osmanischen Reich, kam der Staat mit 1% Steuern vom Bruttosozialprodukt aus, die waren für die staatlichen Verwaltungsaufgaben vollkommen ausreichend. England und Frankreich erhöhten die Steuern im gleichen Zeitraum auf 8% des Bruttosozialprodukts, um ihre großen Kolonialheere und Kanonenbootflotten zu finanzieren. Dies war notwendig, um die großen Kriege (Spanischer Erbfolgekrieg, 7-jähriger Krieg) zu finanzieren.

In den Napoleonischen Kriegen verschuldete sich der englische Staat mit 200% seines Bruttosozialprodukts. Dazu gab er jede Menge Kriegsanleihen aus, deren Zinsen den Reichtum der Lords exorbitant erhöhten, weil die Anleihen mit Zins und Zinseszins zurückgezahlt wurden. Die Lords konnten die enormen Geldmengen zur Verfügung stellen, da sie aus ihren Kolonien riesige Gewinne bezogen. Mit Baumwolle, die Sklaven in der Karibik und den Südstaaten der USA produzierten, Rohtextilien aus Indien, die in englischen Fabriken veredelt wurden, und mit indischem Opium, mit dem die Luxusgüter aus China bezahlt wurden, schöpften die englischen Lords die Gewinne des damaligen Welthandels ab, profitierten also am meisten vom globalen Handel, der hauptsächlich durch Zwang und Sklavenarbeit etabliert worden war. Schuldverschreibungen, Zinsgewinne und Versicherungen gegen Handelsausfälle befeuerten die Finanzmärkte der City of London, die somit ein Ergebnis der kolonialen Ausbeutung der Welt durch das britische Kolonialreich sind. Erst im 20. Jhdt. bauten die USA ein ähnliches neokoloniales Imperium auf und entsprechend wurde die Wall Street in New York zum 2. globalen Finanzzentrum. Der Reichtum der globalen Finanzindustrie entstand also nicht durch ehrlichen Kaufmannshandel, sondern durch die Ausbeutung der Kolonien und die Finanzierung der europäischen Kriege. Die Überlegenheit der europäischen Kolonialmächte entstand aus Steuererhöhungen zur Finanzierung größerer Armeen, mit denen Indien erobert und China zur Halbkolonie mit ausbeuterischen Handelsbedingungen erniedrigt werden konnten.

Bis Ende des 18. Jhdt. war China die größte Wirtschaftsmacht der Erde, friedlich und wohlhabend. In den Opiumkriegen zwang England dem Kaiserreich das giftige Opium auf und erhielt außerdem hohe Kriegsreparationen, wodurch sich China bei den englischen Banken verschulden musste, erstmals in seiner Geschichte. So wurde das Riesenreich destabilisiert und durch weitere koloniale Interventionen in den Abstieg getrieben, bis 1911 die Revolution ausbrach.

Auch das prosperierende Osmanische Reich zwangen England und Frankreich durch ihre Schuldenpolitik in die Knie. Zur Finanzierung des Suez-Kanals musste sich der Sultan hoch verschulden. Als er diese Schulden nicht mehr bedienen konnte, übernahmen England und Frankreich Schritt für Schritt eine osmanische Provinz nach der anderen, bis sie 1918 das Osmanenreich völlig zerstückelten. Das Ergebnis dieser destruktiven Politik spüren wir bis heute, denn das Deutsche Reich hatte anderes im Sinn gehabt. 1914 hatte sich Deutschland mit den Türken verbündet, die Bagdadbahn gebaut und leistete Wirtschaftshilfe, tat also genau das, was heute die Flüchtlingsflut eindämmen würde: Es ermöglichte den Türken den Aufbau des eigenen Landes. Das passte den Engländern und Franzosen gar nicht. Im „Friedensvertrag von Sevres 1918" zerstückelten sie das Reich der Türken und machten Kolonien daraus. Seitdem herrscht dort ein Krieg nach dem anderen, die USA bombardieren, besetzen und fördern das Öl. Die Araber leiden seit 100 Jahren unter den Einmischungen und flüchteten schließlich nach Deutschland. Ein Schelm, wer da Böses denkt. Für die Alliierten des 1. Weltkriegs gab es jedenfalls einen doppelten Gewinn: Sie durften den Nahen Osten ausbeuten und Deutschland zahlt die Zeche, in Form von fortgesetzten Flüchtlingswellen.

Die Mär vom ehrlichen Kapitalisten, der sein wohlverdientes Geld für den Fortschritt einsetzt, ist gut erfunden, die Bücher des hochmoralischen Adam Smith liefern dafür eine elegante Blaupause. Tatsächlich entstand die europäische Finanzmacht aber durch Aufrüstung, Eroberung, Kolonialisierung und Ausbeutung der ganzen Welt. Unter anderem erließen die Kolonialmächte von Anfang an – im Gegensatz zur Freihandelstheorie des Adam Smith – äußerst ungleich Handelsverträge zum eigenen Vorteil. Solange die indische Textilindustrie der englischen überlegen war, waren indische Importe nach England verboten (Merkantilismus). Erst als Englands Manchester-Kapitalisten die indische Textilindustrie mit diesen unfairen Bedingungen ruiniert hatten, schwenkte England auf Freihandel um, um Indien und China mit englischer Fabrikware überschwemmen zu können. Die Auswirkung dieser ungleichen Handelsverträge war für alle Kolonialvölker desaströs. 1800 nZ produzierten Indien und China 50% des Weltbruttoprodukts, 1900 war ihr Anteil auf 5% dezimiert worden, der Anteil Englands entsprechend gestiegen.

Der angelsächsische Finanzkapitalismus ist von Anfang an ein Instrument der Kriegsführung, der Eroberung und der Ausbeutung. Dies setzt sich bis heute fort in den Eroberungsoffensiven der US-Hege-Fonds, die lukrative Firmen feindlich übernehmen, ausschlachten und dann an den Meistbietenden verkaufen, ohne jede moralische Rücksichtnahme auf Belegschaft, Umwelt oder Produkt-Sinnhaftigkeit.

Oligopolindustrien

Alle Wirtschaftspolitiker singen das Loblied der freien Marktwirtschaft und machen damit alle Kritiker mundtot, diese würden eben nichts von Marktwirtschaft verstehen und immer noch auf kommunistische Planfantasien hereinfallen.

Die Mär vom freien Markt ist gut erfunden und klingt bei Adam Smith und David Ricardo auch sehr logisch, sie hat nur einen Haken: Es gibt auf der Welt keinen freien Markt! Mit dieser gezielten Lüge setzen die Reichen beinhart ihre Monopol- und Oligopolinteressen durch und alle fallen darauf rein.

Ein freier Markt ist nur möglich, wenn ein starker Staat die Entstehung von Monopolen und Oligopolen verhindert. Ansonsten fressen die Marktführer unweigerlich ihre kleineren Konkurrenten auf, bis sie eine marktbeherrschende Stellung haben. Dann diktieren sie die Preise und die Handelsbedingungen und der freie Markt ist tot.

Die Monopolbrechung ist in der Menschheitsgeschichte erst ein einziges Mal geschehen. 1906 verklagte Präsident Theodore Roosevelt die Standard Oil Company, die in den USA ein Ölmonopol errichtet hatte. Die Standard Oil wurde per Gerichtsentscheid im Jahr 1911 in 34 Einzelgesellschaften zerschlagen. Ohne diesen starken US-Präsidenten würde die Familie Rockefeller bis heute die gesamte Ölindustrie der Welt beherrschen. Das tut sie indirekt ohnehin, denn John D. Rockefeller verdiente durch Verkauf und Wiederankauf seiner Ölaktien 200 Mill. Dollar, das wären nach heutigem Wert 6 Mrd. Dollar, die sich natürlich ordentlich vermehrt haben. Inzwischen haben die 34 US-Ölfirmen wieder zu den Sieben Großen Schwestern fusioniert und sind seit 100 Jahren ein Oligopol. Auch nicht besser, diese Ölfirmen hatten genug Geld, um die US-Politik im Nahen Osten in die richtige Richtung zu lenken.

De facto wird die Weltwirtschaft heute von Monopolen, Duopolen und Oligopolen gesteuert, nicht nur in Russland, wo eine Handvoll Öl-Oligarchen mit dem Kreml-Chef Putin kollaboriert und dadurch immer reicher wird.

Von Oligopolen spricht man dann, wenn die größten Firmen einer Branche zusammengenommen eine marktbeherrschende Stellung haben und durch Absprachen Preise und Wirtschaftspolitik bestimmen können. Dies ist in allen großen Industrien der Fall.
  Elektroindustrie: Siemens und General Electric
  Chemie: BASF, Nutrien, Bayer
  Banken: Bank of America, Morgan Stanley, Goldman Sachs
  Pharma: Pfizer, CVS, Novartis
  Nahrungsmittel: Nestle, Coca-Cola, Unilever,
  Internethandel: Amazon und Alibaba
  Stahl: ArcelorMittal, Hesteel, Nippon Steel
  Telekom: Apple, Samsung, Huawei

Die meisten Computerindustrien sind sogar Monopole:
  Suchmaschinen: Google
  Social Media: Facebook
  Software: Microsoft

Regelmäßig fressen die Marktführer die kleinen Konkurrenten auf, die Start-ups werden allesamt aufgekauft, bevor sie überhaupt zur Konkurrenz werden können. Die nationalen Regierungen haben keine Chance gegen diese multinationalen Oligopole, im Gegenteil, seit 30 Jahren lassen sie sich in einen Dumpingpreis-Wettlauf hineinhetzen, wer den Oligopolisten die besten Steuervorteile und Subventionen bietet. Während vor 100 Jahren die US-Regierung noch mächtig und entschlossen genug war, um die US-Monopole aufzubrechen, bräuchte es heute eine Weltregierung oder eine entschlossene, geeinigte UNO dazu.

Beides ist nicht in Sicht und so wird die Kapitalkonzentration wohl weiterwachsen und die Einkommensschere weiter aufgehen.

Wer da noch von freier Marktwirtschaft faselt, ist entweder ein Fantast oder ein unverschämter Lügner.

Finanzoligopole

Besonders bedenklich ist die Monopolisierung riesiger Finanzvermögen, die damit überproportionalen Einfluss auf die Wirtschaftspolitik von Konzernen und Staaten bekommen, allein dem Shareholder Value verpflichtet sind und für größtmöglichen Gewinn über Leichen und tote Ökosysteme gehen, ohne jede moralische Hemmung.

Das schlagende Beispiel dafür ist der Vermögensverwalter BlackRock. Dieser scheint überall zu sein, in allen Staaten, allen Firmen, allen Kontinenten. Wie eine riesige Finanzkrake hat BlackRock überall seine Finger drin: Die weltgrößte Fondsgesellschaft verwaltet derzeit rund 6.100 Milliarden Euro an Kundengeldern, das ist fast das Doppelte des deutschen Bruttoinlandprodukts (3.440 Mrd. € im Jahr 2019). Laut Daten der Finanzaufsicht BaFin ist der Konzern an mindestens 67 deutschen Aktiengesellschaften beteiligt, bei 20 der 30 DAX-Unternehmen ist er größter Einzelaktionär, bei weiteren 19 DAX-Konzernen hält er mehr als fünf Prozent der Anteile. BlackRock hält mit seinen Fonds und börsengehandelten Indexfonds (ETFs) rund sieben Prozent am DAX.

Das bedeutet, dass BlackRock über die Stimmrechte der Aktienpakete den Kurs der Unternehmen mitbestimmen kann und seine Stimme unter anderem bei Siemens, Daimler und der Deutschen Bank, wo der Konzern zu den wichtigsten Aktionären zählt, ganz erhebliches Gewicht hat. Kein Wunder also, dass viele Experten die extreme Marktmacht des Giganten kritisieren, der zusammen mit den Fondsanbietern Vanguard und State Street rund 80 Prozent des globalen ETF-Markts beherrscht. EFT Fonds bilden den DAX oder andere Bereiche ab, haben gestreutes Risiko, sagen die Banken. Die müssen es ja wissen, denn die verdienen immer.

Laut Fachleuten basiert BlackRocks Erfolg auf dem Datenanalysesystem Aladdin. Aladdin ist das Akronym für Asset, Liability, Debt and Derivative Investment Network. Das auf 5.000 Großrechnern in vier unbekannten Standorten verteilte IT-System führt 200 Millionen Kalkulationen pro Woche durch. Ein weiterer Teil von Aladdin sind 2.000 IT-Spezialisten, Programmierer und Datenanalysten, die Unternehmens- und Wirtschaftsdaten auswerten. Das System Aladdin ist in der Lage sekündlich auszurechnen, welchen Wert die Aktien, Bonds, Devisen oder Kreditpapiere haben, die in den milliardenschweren Anlageportfolios liegen.

Besonders bedenklich ist, dass BlackRock erst im Jahre 1988 gegründet wurde, 1 Jahr nach der Börsenkrise von 1987. Aus dem Stand hat BlackRock in 32 Jahren die größte Finanzakkumulation geschaffen, die die Welt je gesehen hat. Rechnet man dieses exponentielle Wachstum hoch, dann gehört BlackRock im Jahr 2070 die ganze Welt. Dies ist eine völlig außer Kontrolle geratene Marktmacht, die sich bald in politische Macht übertragen wird.

BlackRock ist derzeit dabei, die Bundesrepublik Deutschland zu übernehmen. Friedrich Merz drängt seit 2 Jahren in der CDU/CSU mit aller Kraft an die Macht und könnte in einem Jahr Deutscher Kanzler sein. Das ist längst keine Privatangelegenheit der CDU mehr, denn Friedrich Merz ist in unzulässigem Ausmaß mit dem US-Finanzoligopol verstrickt. Seit März 2016 ist Friedrich Merz als Aufsichtsratsvorsitzender und Lobbyist für den deutschen Ableger von BlackRock tätig, verdient dabei nach eigenen Angaben 1 Mill € jährlich. Sollte er demnächst wie geplant Bundeskanzler werden, dann Gute Nacht Deutschland. Dann ist Deutschland nur mehr eine Filiale von Black Rock. Es ist nämlich anzunehmen, dass Merz keine Politik gegen seinen Brötchengeber machen kann und wird.

Wissensindustrien

Dank Aufklärung und Säkularisierung haben europäische und globale Universitäten in den letzten 200 Jahren eine Wissensexplosion verursacht. Dies führte zu geistigen Hotspots wie dem Wien und dem Berlin der Belle Epoque oder dem beginnenden 19. Jhdt. bis 1933/38. Von der geistigen Vielfalt dieser Zeit profitierte das gesamte 20. Jhdt., bis zum Jahr 2000 wurden Nobelpreisträger ernannt, die aus diesen Ideenschmieden stammen.

Von der Öffentlichkeit unbemerkt, hat sich das Finanz- und Industrieoligopol längst die Wissensproduktion unter den Nagel gerissen und steuert sie im Sinne der eigenen Finanz- und Machtinteressen. Zwar herrscht offiziell Gedankenfreiheit und jeder ist frei, neue Ideen zu entwickeln. Ob diese Ideen aber einen Effekt auf die Gesellschaftsentwicklung haben, wird durch strenge Input- und Output-Kriterien im Sinne der Mächtigen gesteuert. Um zu verstehen, wie dies funktioniert, gilt auch hier der kapitalistische Grundsatz: Folge dem Geld!

Wenn Autodidakten und Hobbywissenschaftler gute Ideen haben, ist das meist ihr Privatvergnügen und wird von niemandem ernst genommen. Als Wissenschaft gilt nur, was durch teure Studien abgesichert ist und vom Mainstream der Professoren abgesegnet wird. Die Zeiten, wo Gregor Menzel in seinem Klostergarten die Genetik erfinden und Alfred Wegener auf seinen Reisen die Kontinentalverschiebung entdecken konnten, sind lang vorbei.

Zu Lebzeiten hatten diese Geistesgrößen schon damals keinen wissenschaftlichen Impakt, Menzel blieb völlig unbekannt, Wegener wurde von den Professoren als Spinner bekämpft. Dasselbe gilt für die meisten Erfindungen der Vergangenheit, wie Schreibmaschine, Nähmaschine, Computer, Panzer, U-Boot – sie brachten allesamt mit ihren Erfindern keinen Cent ein.

Ideen werden erst dann zu Wissenschaft, wenn das Finanzoligopol darin eine Gewinnchance wittert und die Patente aufkauft. Dies führt zu einer äußerst einseitigen Wissenschaftsförderung, die mit viel Überheblichkeit durchgesetzt wird. Die Wissensproduktion der Universitäten ist deswegen nicht falsch, die Einseitigkeit entsteht durch all das, worum sich die Forschung nicht kümmern darf und wofür sie keinerlei Geld bekommt. Brotlose Forschung verkümmert sehr schnell, denn auch Forscher müssen von etwas leben.

Die Eingangskontrolle geschieht über die Ernennung von Wissenschaftlern zu Professoren und über die Etablierung von Lehrstühlen. In den US-Universitäten, die weltweit führend sind und am meisten Impakt haben, werden Gehälter und Lehrstühle hauptsächlich aus privaten Spenden finanziert. Na und wer hat schon so viele Millionen übrig, dass er damit einen neuen Lehrstuhl finanzieren kann? Feministinnen, Öko-Bewegte und Sozialkritiker wohl eher nicht. Logischerweise führen die Sozial-, Kultur- und Umweltwissenschaften ein Schattendasein, sind bestenfalls als Orchideenfächer geduldet, ernst genommen werden sie nicht und Impakt haben sie auch keinen. Da ist es nur mehr ein kleiner Schritt hin zur Diffamierung solcher Schriften als unwissenschaftlichem Geschwafel, was oft genug auch stimmt, denn wo nichts ist (kein Geld), da wird auch nichts.

Die Ausgangskontrolle geschieht über die Wissenschaftszeitschriften mit dem größten Leserimpakt. Wer es nicht in bestimmte Zeitschriften schafft, bekommt nie genug Punkte für eine wissenschaftliche Karriere zusammen. Mindestens 50% der Forscher leben ohne Anstellung in prekären Verhältnissen und geben ihre Forscherkarriere früher oder später wieder auf. Dafür winkt ihnen immer noch ein gesichertes

Auskommen in der Wirtschaft als Lobbyist, Pharmavertreter oder Mediensprecher großer Firmen. Wenn sie sich brav an die Vorgaben der Firmen halten, können sie ihr Wissen doch noch zu Geld machen, allerdings ist es mit der freien Meinungsäußerung dann vorbei.

Diese einseitige Definition der Wissenschaft durch Finanz-gesteuerte Auswahl hat in den letzten 100 Jahren zu katastrophal falschen Weichenstellungen geführt. So wurden alle Forschungsgelder in die Atomindustrie gesteckt, weil man damit Bomben und AKWs bauen konnte. Beides brauchen wir heute so dringend wie einen Kropf, aber vor 50 Jahren galt es als Gipfel der Wissenschaftlichkeit. In der Psychologie kam es noch dicker: Bis 1938 gab es eine Überfülle von wunderbaren Theorien der Seele, die aus den jahrtausendealten Erfahrungen der Weltkulturen gespeist wurden. Vor 40 Jahren wurde die psychologische Ideenvielfalt auf den empirischen Positivismus reduziert; seit diesem Kahlschlag gelten nur mehr evozierte Gehirnpotentiale und Verhaltensexperimente als psychologische Wissenschaft. Nun ist es ja toll, dass man mit dem Milgram-Experiment beweisen konnte, dass man jeden Menschen so manipulieren kann, dass er ein Folterknecht wird, aber allein das Ergebnis dieses berühmten Beispiels ist bezeichnend dafür, worum es den Auftraggebern bei der Erforschung des Menschen wirklich geht. Die psychotherapeutische Forschung, die seelische Krankheiten heilen könnte, wird hingegen massiv behindert und als unwissenschaftlich abgewertet. Wie gesagt, wer hat, der hat. Wer nichts hat, soll sich dahin schleichen, wo der Pfeffer wächst.

Die Beispiele der Atomtechnik und der elektrotechnischen Persönlichkeitsmanipulation sind aber nur zwei von unendlich vielen Beispielen. Ähnliches geschah bei der Bevorzugung der Ölindustrie gegenüber der Elektromobilität, der Quantenphysik gegenüber der Soziologie, der Urknalltheorie gegenüber der Ökologie. Immer wurden die Theorien gefördert, mit denen man Geld machen und Herrschaft ausüben konnte, immer blieben jene Theorien auf der Strecke, die wir heute für die Rettung der Welt dringend brauchen würden.

Schlachtindustrien

Die Fleisch- und Schlachter-Industrie ist die größte bekannte Fehlallokation aller Zeiten. Sie wurde erst im 19. Jhdt. in den USA erfunden und mit der imperialen US-Akkulturation in der ganzen Welt verbreitet. Sie ist ungesund, giftig und erzeugt permanent unendlich viel Leid. Falls es ein Karma gibt, ist diese Industrie der spirituelle Selbstmord der Menschheit (jedenfalls aus Sicht der buddhistischen Lehre und der hinduistischen Religion, das sind immerhin 2 Mrd. Menschen).

Menschen haben zu allen Zeiten Fleisch gegessen, wenn es gerade welches gab. Bauern fütterten ein Schwein und ein paar Hühner mit ihren Abfällen, die lebten glücklich rund ums Haus und ja, wurden geschlachtet, meist zu Weihnachten oder zu großen Festtagen. Die meisten Leute hatten aber kein Geld für Fleisch, das blieb den Adligen vorbehalten, die fleißig Jagen gingen und ihren exzessiven Fleischkonsum mit Gicht- und Rheumaschmerzen schon zu Lebzeiten verbüßten.

Die moderne Fleischindustrie ist ein absurder Irrsinn, das absolute Gegenteil von Wirtschaftlichkeit und ein ökologischer Wahnsinn, der die Erde fast im Alleingang ruiniert. Sie wurde nur aufgezogen, weil man mit getöteten Rindern sehr schnell reich werden und die Kosten dafür auf die Allgemeinheit abwälzen kann.

Alles begann mit der Ausrottung der Indianer im Wilden Westen Amerikas. Um sie schneller zu dezimieren, brachten weiße Jäger in wenigen Jahren 30 Millionen Bisons um und ließen ihr Fleisch in der Sonne verrotten. Bald waren sowohl die Büffel als auch die

Indianerstämme verschwunden, bis auf wenige Reste in ein paar Reservaten. Weil die Weißen nichts anderes einfiel, füllten sie die Grasebenen mit Rinderherden. Die musste man allerdings an irgendwen verkaufen. Mit dem Bau der Eisenbahnen konnte man das Vieh in die Schlachthäuser Chicagos transportieren und das Rindfleisch an die Restaurants der Ostküste verkaufen. Mit dem Gewinn baute man in Chicago die ersten Wolkenkratzer der Welt.

Einmal reich geworden, exportierten die Fleischmagnaten ihr Modell in alle Kolonien der Europäer. In den Pampas Argentiniens, dem Gran Chaco Brasiliens und den Savannen Kenias ließ sich ebenfalls gut Vieh züchten, allerdings auf Kosten der jeweiligen autochthonen Tierwelt. Die denaturierten Hamburger von McDonalds verbreiteten die ungesunde Mode dann im Zuge der Globalisierung bis nach China und Japan.

Das US-Militär half bei der Verbreitung. Fleisch lässt sich durch Pökeln, Räuchern und in Konservendosen haltbar machen und erleichtert bei Eroberungszügen die logistische Versorgung der Truppen. So entstand die Mär, dass richtige Männer durch ein saftiges Stück Fleisch erst so richtig stark werden.

Da in den USA und Argentinien Fleisch in großen Mengen und daher kostengünstig produziert werden konnte (weil man den Indigenen ihr Land gestohlen hatte), waren Fleischprodukte für die großen Nahrungsmittelkonzerne ein leichter Weg zu raschem Gewinn. Vor allem konnten die US-Konzerne auf allen Kontinenten damit die kleinbäuerlichen Konkurrenten verdrängen und die traditionelle Landwirtschaft zerstören, mit ungeahnten ökosozialen Folgen.

Mit der Chemie-Revolution ließ sich der Gewinn noch weiter steigern. Durch massiven Einsatz von Stickstoffdünger, Pestiziden, Herbiziden, Antibiotika und Gentechnik wuchs die Fleischproduktion und wurde die Zeit bis zur Schlachtung verkürzt. Das war gut für den Gewinn, aber äußerst schlecht für die Umwelt. Die Humus-Schicht wird weltweit vergiftet, die Insekten werden ausgerottet, die Böden verseucht.

Ausgewaschener Dünger verseucht die Flüsse, die Antibiotika geraten über das Fleisch und das Trinkwasser in den menschlichen Körper mit ungeahnten medizinischen Folgen, Antibiotika-Resistenzen und Zunahmen von Allergien. Weltweit werden Rinder in engen Boxengefängnissen gehalten und mit Mais, Soja und anderen nicht artgerechten Futtermitteln genährt. Dies schädigt das Mikrobiom der Rinder und erhöht ihre Methanproduktion, die dem Klima den Rest gibt.

Das hochmoderne saftige Steak im Restaurant als Gipfel des Lebensstils ist in jeder Hinsicht der Gipfel menschlichen Irrsinns. Da Rinder als größte Haustiere am effizientesten zu verarbeiten sind, werden durch die Rinderzucht alle möglichen Arten von Savannenbewohnern dezimiert. Nicht nur das, der fleischfressende Homo insapiens macht aus allen Wald- und Dschungelgebieten dieser Erde künstliche Savannen für die Rinderzucht und zerstört damit die fruchtbarsten Biotope dieser Erde.

Vom unendlichen Tierleid dieser industriellen Massenzucht will ich gar nicht reden. Jedes Kind, das die einschlägigen Dokus gesehen hat, wird sofort aus Liebe zu den Tieren jeden Verzehr von Tierleichen verweigern. Es ist ein falscher Jugendschutz, das Tierleid von den Kinderaugen fernzuhalten, damit man sie weiter zu ungesunden Fleischessern erziehen kann. Überdies ist Rindfleisch die ungesündeste Ernährungsform für Menschen. Wir bekommen vom roten Fleisch hohe Cholesterinspiegel, Arteriosklerose, Herzinfarkte und Krebs. Hohe Spitals- und Operationskosten sind ein weiterer verschleierter Kostenfaktor der Schlachtindustrie.

Noch nie in der ganzen Menschheitsgeschichte wurden so große Energiemengen so ineffizient eingesetzt. Da für jedes Kilogramm Fleisch die mindestens 10fache Menge an Futtermitteln nötig ist, werden damit 90% der Nahrungsbasis verschwendet. Da nur besondere Gustostücke gut verkauft werden können und durch Transport und Lagerung weitere Mengen verloren gehen, halbiert sich die Energienutzung nochmals auf

5% der Nahrungsenergie. Da für jedes Kilogramm Futtermittel einige Liter Erdöl und Chemikalien eingesetzt und mehrere Kilo Biosubstanz zerstört werden, verzehnfacht sich nochmals die benötigte Biomasse und ist der Nutzen des Kilo Fleisches nochmal durch 10 zu dividieren. Für ganze 0,5% genutzter Biomasse werden 99,5% Biomasse zerstört. Diese 0,5% landen auf den Fettpolstern und im Arterienkalk der reichen Mittel- und Oberschicht, die damit den Armen das Essen wegfressen. Dies ist das Gegenteil von ökonomischem Nutzen und effizientem Energieeinsatz, ganz zu schweigen von den unermesslichen ökologischen Schäden und der Gefährdung von Artenvielfalt, Humusschicht und Klima.

Diese extreme, von Geldgier befeuerte menschliche Dummheit ist durch nichts mehr zu toppen. Keine Kultur der bekannten Menschheitsgeschichte hat ein derartiges Ausmaß an Zerstörung und Ineffizienz zustande gebracht wie die USA-gesteuerte globale Zivilisation der Jetztzeit.

Technologische Fehlallokation

Durch den technischen Fortschritt der letzten 200 Jahre hat die Menschheit fast sämtliche Energien dieses Planeten für den Eigengebrauch monopolisiert und lässt für den Rest der Tier- und Pflanzenwelt kaum noch etwas übrig, was sich im rapide zunehmenden Artensterben äußert. Die Menschheit hat daher ein Energieausmaß zur Verfügung, wie es nie zuvor in der Vergangenheit möglich war und auch in naher Zukunft bald nicht mehr möglich sein wird, da bereits in einer Übernutzung des Planeten von 100% die Energien der Zukunft verbraucht werden. Das Gegenstück dieser exponentiell gestiegenen Ressourcen sind die explosionsartig gewachsenen Geldmengen der Finanzindustrie.

Abgesehen davon, dass die Illusion des ewigen Wachstums von Geld und Energie bald in sich zusammenbrechen wird, weil wir auf einem begrenzten Planeten leben, ist die moderne Technologie ein Extrembeispiel von verfehlter Geld- und Ressourcenallokation. Aus mehreren Gründen:

1. Das Leben auf unserem Planeten beruht auf einer Ressourcennutzung von 100%. Das heißt, in der Natur wird alles wiederverwertet und nichts verschwendet, wodurch ein ständiges homöostatischen Gleichgewicht erreicht wird. Die Ressourcenmonopolisierung durch die Menschheit bewirkt das exakte Gegenteil. Der Nutzungsgrad all unserer Technologien beträgt 20% bis maximal 40%, d.h. dass der Großteil der von uns genutzten Mittel zu Abfall und Umweltverschmutzung wird. Jedes Ökosystem, das so räuberisch arbeitet, wäre längst zusammengebrochen. Die Menschheit zögert den Zusammenbruch hinaus, indem sie immer neue Ökosysteme verschlingt und für deren Zusammenbruch sorgt. Dieser Raubbau hat inzwischen seinen Gipfel erreicht. Entweder wir verbessern unsere Energieallokation oder die Zivilisation bricht zusammen.

2. Die Orientierung an kapitalistischen Geldzielen führt zu einer unglaublichen Energie- und Ressourcenverschwendung. Da nur der Gewinn zählt und den Banken und Firmen alles andere völlig egal ist, wird für wenige genutzte Güter ein Vielfaches an Natur, Lebensqualität und sozialer Gerechtigkeit zerstört. Der Gewinn an Wirtschaftswachstum geht mit dem Verlust an Arten, sozialer Geborgenheit, Lebenszufriedenheit und ökologischer Gesundheit einher. Die Absurdität geht soweit, dass selbst die Zerstörung von Gesundheit, Gemeinschaften und Ökosystemen zu Gewinnen in den Säckeln der Reichen führt. Dies ist in hohem Maße pervers und absurd.

3. Selbst notwendige Güter werden zu 20% bis 40% verschwendet und damit nachhaltig zerstört. Ein Großteil der Ernten und Lebensmittel verdirbt bei der Lagerung oder beim Transport oder wird in den Geschäften weggeschmissen. Retourware wird vernichtet, weil die Wiederaufbereitung zu teuer ist. Selbst die Lebensmittel, die

verzehrt werden, sind zu 50% fehlalloziiert und führen zu Übergewicht und Stoffwechselstörungen.

4. Der blinde Glaube an den technischen Fortschritt führt in 50% der Fälle zum blinden Lauf in den Abgrund. Jede neue Technik wird im Maximaltempo durchgesetzt, sodass die Nachteile und Schäden erst im Nachhinein sichtbar werden. Jeder Nutzen verursacht mindestens ebenso viel Schaden, weil für den gewonnenen Genuss anderes verloren geht und zu den Kosten der Produktion, die bereits nur zu durchschnittlich 30% effizient ist, noch die Kosten der nachträglichen Schadensbegrenzung dazukommen, die im anfänglichen Geschäftsmodell natürlich verschwiegen werden. Die Liste der Schadensfälle ist so lang wie die Liste der technologischen Erfindungen: Kohleindustrie, Flussregulierungen, Ölindustrie, Atomtechnik, chemische Agrarindustrie, Fischfang – die Kosten für all diese Techniken werden erst die kommenden Generationen abbezahlen.

Es ist daher eines der bestgehüteten Geheimnisse der Wohlstandswirtschaft, dass dieses rücksichtslose Wirtschaften um jeden Preis so ziemlich das Gegenteil von Effizienz und Sinnhaftigkeit darstellt. Unsere Techno-Ökonomie als alternativlose Realität hinzustellen ist der absurde Gipfel der Frechheit der Mächtigen, die von diesen einseitigen Gewinnrechnungen profitieren.

Bereicherung

Seit 5.000 Jahren gibt es Reich und Arm. Reich ist die Oberschicht, arm die ausgebeutete Unterschicht. Seltsamerweise hat sich dieser Missstand bis heute gehalten, scheint unausrottbar zu sein. Dies liegt vor allem an der Geduld der Ausgebeuteten. Bis zu einem bestimmten Punkt akzeptiert die schweigende Mehrheit, dass die Elite reicher ist als das gemeine Volk. Ja, das Volk ist sogar unendlich geduldig im Ertragen einer sich immer weiter öffnenden Einkommensschere. Diese wurde in der Vergangenheit durch religiöse Systeme stabilisiert und gerechtfertigt. Das indische Kastensystem und das mittelalterliche Zunftsystem erklärten es für gottgewollt, dass jeder Mensch einen bestimmten Platz in der Gesellschaft zugewiesen bekommt. Kaiser, König, Edelmann; Bürger, Bauer, Bettelmann. So war es im mittelalterlichen Europa. Ein Aufbegehren gegen die Klassenunterschiede war ein Aufbegehren gegen die Ordnung Gottes.

Solange man in seiner Schicht gut leben konnte, hielt man es aus, dass die Oberschicht 10mal oder sogar 100mal mehr verdiente. Wenn die Oberschicht es aber übertrieb, ging es schlecht aus. Wenn die Elite 1000mal oder 100.000mal so viel verdiente wie der einfache Bauer, dann riskierte sie, auf dem Schafott oder unter der Guillotine zu landen. Sie weiß es zwar noch nicht, aber die Finanzelite der Banker, die sich Millionen-Boni genehmigen, die dann rückwirkend von den kleinen Sparern über Minuszinsen finanziert werden, ist in akuter Gefahr. Heute wird man nicht gleich hingerichtet, aber im Gefängnis landen die Finanzbetrüger allemal. Auch Minister und Wirtschaftsbosse sind nicht mehr sakrosankt. In Brasilien stürzten bereits zwei Präsidenten auf Grund eines einzigen Bauskandals, der die ganze Elite Lateinamerikas in den Abgrund zu ziehen droht.

Wenn du dein Volk gut leben lässt, akzeptiert es deinen Reichtum. Wenn du es mit der Ausbeutung übertreibst, dann lebst du nicht lange. Irgendein bezahlter Killer findet sich schnell und die Mafia steht Gewehr bei Fuß. Der reichste Staatschef der Welt war Oberst Gaddafi. Als sich sein Volk erhob, war er schnell tot.

Die Hobbys der Reichen

Millionäre gerieren sich gerne als Wohltäter der Menschheit. Sie sind die Mäzene, die die Künstler bezahlen, machen wohltätige soziale und ökologische Stiftungen, finanzieren Forschungsprojekte und Universtäten. Dieses Mäzenatentum wird als erstes genannt, wenn sie wegen ihres Reichtums kritisiert werden. Es ist doch gut, wenn man reich wird, denn viele Aktivitäten der Menschheit können nur von Millionären finanziert werden und so verwenden diese doch ihre Mittel zum Segen der Menschheit.

Dieses Narrativ klingt aufs erste Hinhören logisch und sinnvoll. Doch zahlt es sich aus, genauer zu reflektieren, was das Mäzenatentum tatsächlich für Auswirkungen auf die Gesellschaft hat. Denn was machen Reiche mit den vielen Millionen, die sie verdient haben?

Das ist höchst unterschiedlich, aber alle Spenden und Investitionen haben eines gemeinsam: Reiche investieren in das, was ihnen selbst am wichtigsten ist. Die große Freiheit des Reichtums ist, dass man mit seinem Geld machen kann, was man will. Also tut man das, was man am liebsten tut und pflegt seine Hobbys. Millionäre haben als einzige Gruppe die Chance, dass sie ihre Hobbys so potenzieren, dass daraus Weltunternehmen werden. Das Problem dabei ist, dass 1% der Menschheit über 90% der Geldressourcen entscheidet und den Reichen natürlich ganz etwas anderes wichtig ist als den Armen.

Viele Reiche investieren in Luxusgüter und alimentieren damit die Schmuck-, Mode- und Parfümindustrie. Das ist schön für die Pariser Modeschöpfer, aber muss man wirklich 100 verschiedene überteuerte Parfüms im Bad stehen haben? Unseren Großmüttern reichte noch ein Kölnisch-Wasser.

Technik-Fans investieren in sündteure Sportwagen und verrückt teure Luxusyachten. Das ist gut für die Auto- und die Werftindustrie, lanciert aber einen allgemeinen Trend zu spritfressenden SUVs und riesigen Schweröl-Schleudern auf den Weltmeeren.

Kunstliebhaber sind die klassischen Mäzene. Das ist gut für manche Künstler, deren Bilder in den Aktionshäusern um 100 Millionen € gehandelt werden. Die meisten bildenden Künstler nagen deswegen aber am Hungertuch, solange sie nicht von einer Galerie entdeckt werden, die den Millionären zuliefert. Es gab zu allen Zeiten Kunsthandwerker, die von ihrem Handwerk gut leben konnten, in jeder Stadt und in jedem Land der Erde. Die Millionäre haben aber den Kunstmarkt zur größten Bereicherungsmaschinerie der Geschichte umfunktioniert, mit den höchsten und schnellsten Gewinnchancen. Die Gewinnmargen berühmter Maler explodieren schneller als alles andere, ihre Bilder sind längst zum Investitionsobjekt verkommen. Da man für einen Klimt oder Schiele 100 Millionen Euro oder mehr hinblättert, gehen die kleinen Keramiker, Kunstmaler und Silberschmiede aller Kontinente längst leer aus und können zusperren.

Gemeinnützige Stiftungen sind natürlich sinnvoll, aber nur zum Teil. Bill Gates ist derzeit in aller Munde, weil er mit den Microsoft-Millionen alle armen Kinder in Afrika durchimpfen lässt. Das ist aus Sicht der afrikanischen Familien höchst sinnvoll, aus globaler Sicht gefährdet Bill Gates damit den Fortbestand der Menschheit. Die Bevölkerungsexplosion findet in den nächsten 30 Jahren in Afrika statt, die Afrikaner werden sich bis 2050 von 1,3 auf dann 2,6 Mrd. Menschen verdoppeln. Wenn Bill Gates weiter seine Philanthropie pflegt, werden sich die Afrikaner verdreifachen. Was das für die Ökologie Afrikas und für den Klimawandel bedeutet, kann sich jeder an seinen 10 Fingern ausrechnen. Die durch Gates beschleunigte Senkung der Kindersterblichkeit in Afrika hat einen Effekt, als wollte man den Corona-Virus möglichst schnell verbreiten, damit alle immun dagegen werden. Das ist nicht sinnvoll, weil dann die

Coping-Strategien der Gesellschaft mit diesem Tempo nicht mithalten können. Außer Fetzenschädel Boris Johnson empfiehlt niemand eine solche Strategie, da sie zu Millionen Toten und dem Zusammenbruch aller Medizin-Systeme führen würde.

Die Vermehrung der Menschheit an sich ist kein Problem, wohl aber die exponentielle Vermehrungsbeschleunigung, die derzeit in Afrika stattfindet. Dort bekommen die Frauen noch 4 bis 5 Kinder, weil sie mit deren frühen Tod rechnen müssen. Wenn diese Kinder alle überleben, entsteht eine Lawine, die die schlimmsten Heuschreckenschwärme in den Schatten stellt. Es dauert zwei bis drei Generationen, bis in sicheren Ländern die Geburtenrate auf 2 fällt und ein Land Bevölkerungsstabilität auf höherem Niveau erreicht. Die völlig unkontrollierbare, weil noch angeheizte Vermehrung wird Afrika nicht überleben und das mit Flüchtlingen geflutete Europa auch nicht. Vielmehr müssen zuerst die wirtschaftlichen Strukturen Afrikas aufgebaut werden, damit die Fertilität der Frauen zurückgeht, erst dann macht die Durchimpfung Sinn.

Unüberlegte Einzelmaßnahmen ohne Diskussion der komplexen Wechselwirkungen bringen mehr Schaden als Nutzen. Solche komplexen Systementscheidungen können nicht von einzelnen Millionären und ihren Einzelinteressen geleistet werden, sondern bedürfen der Systemkompetenz ganzer Völker. In Demokratien werden weitreichende Entscheidungen durch politische Gremien so gefiltert, dass die Wahrscheinlichkeit steigt, dass langfristig sinnvolle Maßnahmen dabei herauskommen. In Diktaturen und meritokratischen Millionärssystemen sind alle Kontrollmechanismen außer Kraft gesetzt, weil ein Einzelner nach Lust und Laune ungebremst Maßnahmen durchsetzen kann. So brachten Mao-Tsetungs Ideen für den „Großen Sprung vorwärts" zirka 45 Millionen Chinesen um, die verhungerten, weil Maos nicht durchdachte Maßnahmen Chinas Ökologie und Versorgungssysteme zerstörten. Noch heute leiden die Chinesen darunter, weil alle Bienen ausgerottet wurden und jede Obstblüte per Hand bestäubt werden muss. In 50 Jahren wird Bill Gates´ Nachruhm wohl ähnlich aussehen.

Damit nicht genug: Alle Autokraten der Vergangenheit beeinflussten durch Geldkonzentration das Bild der Geschichte und den Fortgang der Geistesgeschichte. Die Könige der Antike ließen sich riesige Pyramiden und Mausoleen bauen, das ist schön für Archäologen, verfälschte aber das Geschichtsbild z.B. der Ägyptologen völlig, denn das Leben von 99% der Ägypter bildet sich in den Grabstätten nicht ab. Es ist für die Kunstgeschichte schön, dass auf allen Kontinenten Tempel und Paläste vergangener Zivilisationen gefunden werden. Dies hatte aber zur Folge, dass die bisherigen Historienberichte allesamt reine Hagiographien für die Mächtigen sind, die scheinbar das Weltbild der Reichen und Mächtigen bestätigen und damit die Ausbeutung durch die Oberschicht moralisch verfestigen.

Wo bleibt die vielzitierte Wirtschaftlichkeit?

Bei ökologischen Ideen zur Rettung der Natur motzen die Ökonomen, dass sich das nicht rechnen würde. Mit dem Totschlagargument der Wirtschaftlichkeit wurden die notwendigen Reformen 30 Jahre lang verzögert.

Dabei müsste man in Wirklichkeit die hochnäsigen Ökonomen täglich von hier bis Bagdad ohrfeigen, weil sie das ineffizienteste System der Menschheitsgeschichte geschaffen haben, das Effizienz nur vorgaukelt, indem es 90% aller realen Produktionskosten an jene auslagert, die sich nicht wehren können. Die Arbeitskosten bezahlen ausgebeutete Arbeitssklaven mit Armut, die Energie- und Rohstoffkosten bezahlt die Umwelt mit Vergiftung und Zerstörung. Würde die Natur so ineffizient arbeiten, gäbe es auf der Erde schon lange kein Leben mehr.

Für ein einziges Handy werden in aller Welt von kleinen Kindern seltene Rohstoffe aus der Erde gebuddelt, über alle Ozeane verschifft, mit LKW über die Lande gefahren, um höchstens 2 Jahre genutzt zu werden. Für diese Nutzung wird die gesamte Erdoberfläche mit 5G verstrahlt und müssen riesige Cloud-Server so mit Terawatt an Strom gefüttert werden, dass allein die Kühlung mehr Strom verbraucht als mehrere große Kraftwerke. Eine Studie aus 2014 gibt für das Internet 4,6% des jährlichen weltweiten Stromverbrauchs an. Nach kurzer Zeit wird das Handy weggeschmissen und nach Ghana verschifft, wo es auf Riesenmüllhalden verbrannt wird. Nicht zu vergessen der Verpackungsmüll, der ebenfalls auf den Ozeanen unterwegs ist, weil keiner mehr das Plastik lagern will.

Es ist kompletter Unsinn, dass die Bestandteile eines einzigen Produkts ein Mehrfaches des Erdumfangs transportiert werden, dazu Öl und Gas aus dem Erdinneren gebohrt werden, die in Jahrmillionen von Bakterien produziert worden sind, und nach kurzer Zeit all die Abfall- und Wegwerfprodukte den gesamten Erdball verseuchen. Warum agiert unsere globale Ökonomie derart deformiert? Ganz einfach, sie wurde geschaffen, damit die Reichen sich bereichern können. Über das kapitalistische Banken- und Aktiensystem schöpfen sie Gewinne und speisen die kleinen Leute mit Almosen ab, damit sie Ruhe geben. Wie Raubtiere fallen sie über alle gut funktionierenden Öko- und Gesellschaftssysteme her und beuten sie aus, bis nichts mehr davon übrig ist.

Wenn kapitalistische Kapazunder von Ökonomie reden, sollte man sie auslachen und ihnen den Mund verbieten. Sie haben nämlich keine Ahnung, wovon sie da reden. Wenn endlich Kostenwahrheit herrscht, wird ihnen schnell die Überheblichkeit vergehen. In Wirklichkeit ist ihr System am Ende, weil wir es uns nicht mehr leisten können, ohne kollektiv Selbstmord zu begehen.

Die geheime Ausbeutung

Der Finanzkapitalismus beutet alles aus, was er in die Finger kriegt: Naturvölker, Besiegte, Frauen, Tiere, Pflanzen, Bodenschätze, und leider auch eine Gruppe von Menschen, die Ausbeutung am allerwenigsten aushält – unsere Kinder.

Gute Eltern wollen nur das Beste für ihre Kinder. Bei den meisten anderen Instanzen der Gesellschaft ist das nicht so sicher. Zwar führen alle Erwachsenen das Kindeswohl auf den Lippen, fördern es aber keineswegs, ja tarnen nur mit schönen Worten den Schaden, den sie Kindern antun.

Bei einem Blick rund um die Welt wird das sehr schnell klar. Kinder werden in jeder Form missbraucht – als billige Arbeitskräfte, als Sexsklaven, als Kindersoldaten. Im Patriarchat stehen Kinder seit jeher an der untersten Stelle der Hierarchie und werden im Zweifelsfall als erste geopfert. Selbst Adoptionen sind nicht immer so selbstlos wie sie aussehen. Zu allen Zeiten wurden Kinder gekauft und verkauft. Arme müssen ihre Kinder hergeben, weil sie sie nicht ernähren können, Reiche nehmen sie mit, weil sie die Kinder für ganz bestimmte Zwecke brauchen – als Liebes- und Lebensersatz, als Nachfolger für Firmen und Höfe, als Adepten und Claqueure. Immer, wenn Erwachsene sagen „Ich will ja nur dein Bestes", liegt der Verdacht nahe, dass es nicht um das Kindeswohl, sondern um etwas geht, was der Erwachsene vom Kind will: Liebe, Gehorsam, Anerkennung und andere Bedürfnisse, die vom Kind zum Erwachsenen fließen, um die Defizite des Erwachsenen abzudecken.

Kinderrechte sind noch relativ neu und noch lange nicht durchgesetzt, geschweige denn selbstverständlich. Kinder, die Bedürfnisse anmelden, werden nach wie vor als frech, unbotmäßig und verwöhnt beschimpft. Wenn Kinder laut protestieren, gelten sie als aggressive Problemkinder.

Latente Kinderfeindlichkeit zeigt sich in den Strafen der schwarzen Pädagogik und im Lamentieren von Misanthropen, die Kinder nur als Störenfriede ansehen. Kinder sollen einfach tun, was die Erwachsenen sagen und keine Fragen stellen. Wenn Kinder sehr vernünftige und naheliegende Fragen stellen, z.B. „Warum töten wir Haustiere?", fühlen sich viele Erwachsene in ihrer Autorität bedroht und rasten aus. Seit 2.500 Jahren gibt es die Klagen der Alten, dass die Jugend verdorben und schlecht sei. Ob sie nun spielen, Spaß haben, kreative Ideen entwickeln – sehr oft hören sie, dass sie das Falsche tun und gefälligst damit aufhören sollen.

Dahinter steckt die alte Auffassung des Patriarchats, dass Kinder vor allem billige Arbeitskräfte sind, die man leicht ausbeuten kann, weil sie keinerlei Rechte haben. Das ist auf Bauernhöfen, in Familienbetrieben, Gasthäusern, Hotels manchmal noch ganz normal – Kinder haben mitzuarbeiten und kein Recht auf Freizeit. Da schauen sogar der Staat und das Jugendamt weg, weil klar ist, dass viele Familienbetriebe ohne Kinderarbeit unrentabel sind. Was der Patriarch ihnen anschafft, haben sie gefälligst zu tun, das geht bis zu Diebstählen, Rauben und Morden, Sprengarbeiten in engen Stollen und Sprengstoffattentaten im Dschihad.

Im Patriarchat wirkt sich die Abhängigkeit der Kinder, die sich an die Erwachsenen anpassen müssen um zu überleben, besonders extrem aus, weil die Abhängigkeiten meist verschleiert und mit schönen Ideologien verbrämt sind. In der katholischen Kirche dienen Kinder bei der Messe als Ministranten und empfinden das als Ehre. Wenn sie dabei sexuell missbraucht werden, ist der Schaden umso größer. Bettlerkindern wird eine große Zukunft versprochen, wenn sie sich den Ausbeutern anschließen – dann werden sie verstümmelt, damit die Leute ihnen mehr Geld spenden. Schulbildung ist ein großer Köder, besonders, wenn hinter einer Ausbildung eine Institution mit großen Karriereversprechen steht. Ein Priesterseminar, eine Kadettenschule, eine Lateinschule – das waren traditionelle Einstiegsdrogen in staatliche Karrieren, um den Preis, dass

Schüler und Kadetten zu willfährigen Werkzeugen staatlicher Institutionen dressiert wurden, um brave Erfüllungsgehilfen oder gutes Kanonenfutter abzugeben. Ein Ausstieg aus solchen Dressuren war so gut wie unmöglich und wenn doch vollzogen, mit dem Verlust aller vermeintlichen Privilegien verbunden. Dies ist beim Zölibat der Priester offensichtlich, ein Priester, der es bricht, verliert seinen Beruf. Ein Soldat, der eine Tötung verweigert, wird unehrenhaft entlassen, im Kriegsfall standrechtlich erschossen.

Im Kapitalismus stehen jede Menge Fallen bereit, um Kinder zu manipulieren. Mit dem Versprechen von Geld und Karriere wird Wohlverhalten erkauft. Kinder werden solange indoktriniert, bis sie glauben, dass der angebotene Pfad die beste und größte Chance für sie darstellt. Marketing und Propaganda sind so umfassend, dass Kinder gar nicht merken, wie sie in eine Richtung gedrängt werden, die mit ihrem Lebensziel gar nicht übereinstimmt.

Kinderarbeit

152 Millionen Kinder müssen arbeiten wie Erwachsene. Skrupellose Geschäftemacher schrecken nicht davor zurück, Kinder in Bergwerke, Steinbrüche oder auf ungesicherte Baustellen zu schicken. In Indien werden die meisten Ziegelsteine von Kindern in Handarbeit hergestellt.

73 Millionen Kinder arbeiten unter besonders gefährlichen Bedingungen in Bergwerken, als Kindersoldaten oder in der Prostitution. Kinder sind billig und genießen keinerlei Schutz, können also viel leichter ausgebeutet werden als Erwachsene. Oft werden sie von Menschenhändlern von ihren Familien unter dem Vorwand weggelockt, dass sie in der Stadt eine gute Ausbildung oder eine gutbezahlte Arbeit bekämen. Dann werden sie aber in Familien oder Fabriken wie Sklaven gehalten und müssen bis zu 17

Stunden am Tag kostenlos arbeiten. Andere Kinder werden von ihren Eltern zur Arbeit geschickt, weil sonst die Familie verhungern würde. Oft ist das Kind der einzige Ernährer der Familie, weil Arbeit nur zu solchen Dumping-Löhnen zu bekommen ist, wie man sie Kindern aufzwingt. Viele Arbeiten können nur von Kindern erledigt werden, weil sie kleiner sind und mit ihren Fingern an Stellen hinkommen, wo die Erwachsenen mit ihrer Hand stecken bleiben.

In den Entwicklungsländern lebt jedes zehnte Kind in solcher Sklaverei. Dies zerstört nicht nur seine Kindheit, sondern auch seine Lebenschancen. Ausgebeutete Kinder können weder spielen noch lernen, sodass ihre Talente verkümmern und sie nie aus der Armut herausfinden. Außerdem sind sie in keiner Weise vor Arbeitsunfällen, giftigen Gasen und Chemikalien geschützt, sind also oft schon Invaliden, bevor sie das Erwachsenenalter erreichen. Dann bleibt ihnen nur mehr das Betteln auf der Straße, wo sie aber das Geld meist auch an einen Mafia-Clan abliefern müssen. Wir in Europa bekommen von diesem Missstand wenig mit. Das heißt aber nicht, dass wir damit nichts zu tun haben. Fast alle Textilien werden von Südamerika, Afrika bis Asien unter Beteiligung von Kindern hergestellt, ebenso Kakao, Kaffee und viele Nahrungsmittel. Durch die globalen Lieferketten lässt sich Kinderarbeit wunderbar verschleiern und Konsumentenprotest verhindern. Umso wichtiger ist es, auf Gütesiegel zu achten, dass ein Produkt frei von Kinderarbeit ist.
Kinderarbeit gibt es auch in Europa, vor allem in der Prostitution, beim Betteln, in Haushalten und in abgeschotteten Familienbetrieben eingewanderter Clans.

Geld

Meine Eltern haben nach dem Krieg hart gearbeitet und gespart, denn wir Kinder sollten es einmal besser haben. Durch die Zinsen vermehrten sich ihre Ersparnisse über die Jahre und als sie starben, war genug da. Meine Brüder und ich bekamen etwas Startkapital als Erbteil, womit wir uns Wohnungen anzahlen konnten, sodass wir jetzt als Alte sorgenfrei in unseren abbezahlten Eigenheimen leben können. Für mich war es daher selbstverständlich, auch meinen Kindern einmal eine Starthilfe mitzugeben, wenn sie es brauchen.

Doch das wird zunehmend schwieriger. Zinsen gibt es nicht mehr, weil der Staat so viel Schulden gemacht hat, dass er sich nur mehr über Nullzinsen und Inflation über Wasser halten kann. Damit der Staat nicht zusammenbricht, zahlen wir alle mit der schleichenden Entwertung unserer Ersparnisse. Die Tipps der Bankbeamten, man müsse eben in Aktien investieren, sind der reine Hohn. Denn mit Aktien machen vielleicht Spekulanten und Großfonds Gewinne, indem sie die Schwankungen der Börsen ausnutzen und beeinflussen, sicher nicht die kleinen Leute, die immer wieder auf kriminelle und halbkriminelle Betrüger hereinfallen, wobei die Grenzen zwischen erlaubten Bankgeschäften und kriminellem Betrug immer mehr verschwimmen, sodass der Laie das eine vom anderen nicht mehr unterscheiden kann.

Seit der Neoliberalismus in allen entwickelten Ländern dafür gesorgt hat, dass die Einkommensschere immer weiter aufklafft und immer mehr Geld bei den Reichen landet, werden die kleinen Leute immer stärker ausgebeutet. Die grassierenden Manipulationen der Finanzspekulanten führen dazu, dass Aktiengewinne von den Reichen abgeschöpft werden und Finanzschulden via Steuern von der stillen Mehrheit bezahlt werden, die vorher nichts von den Gewinnen hatte. Dies ist eine ständige Umverteilung von unten nach oben und führt dazu, dass unsere Kinder kaum mehr eine Chance haben, sich etwas zu ersparen und Rücklagen zu bilden.

Früher konnte man sich schon während der Lehre und in den ersten Berufsjahren Geld ersparen und sich bei der Hochzeit eine erste Wohnung anzahlen. Das ist heute praktisch nicht mehr möglich, weil die

Zeit des Geldverdienens immer später beginnt und die Einkommen immer prekärer und unregelmäßiger werden. Heute müssen Mann und Frau zwei volle Gehälter aufbringen, um überhaupt die Lebenskosten bezahlen zu können. Die Mieten werden so horrend teuer, dass die Wohnungsgrößen immer mehr zurückgehen und viele sich gar keine eigene Wohnung mehr leisten können.

Wohnen

Was sich seit der Finanzkrise von 2008 auf dem Wohnungsmarkt abspielt, ist ein himmelschreiender Skandal. Wohnungen sind heute oft dreimal so teuer wie vor 10 Jahren. In Salzburg findet man sowieso keine Mietwohnungen mehr, weil viele leerstehende Objekte von Spekulanten und ausländischen Zweitwohnungsbesitzern aufgekauft sind, die meiste Zeit des Jahres leer stehen und die Besitzer nur auf Spekulationsgewinne warten. Eine 65m2-Wohnung um 2.500 Euro oder eine Garconiére um 1.000 Euro erscheinen den Immobilienmaklern ganz normal, sie werden nicht einmal rot dabei, wenn sie solche Summen fordern. Mehr wie 3.000 Euro verdient aber kaum ein junges Paar, selbst wenn beide Vollzeit arbeiten – was bleibt da noch? Viele stellen sich ein Tiny House im Grünen auf, das hat maximal 30m2 und soll sehr kuschelig sein, aber Kinder-Kriegen kann man sich da gleich abschminken, denn für die ist schlicht und einfach kein Platz. Wer also nicht zufällig Geld von seinen Eltern erbt, bleibt ein Leben lang in der Wohnungs-Armuts-Falle gefangen, selbst wenn alles seinen normalen Gang geht. Geschiedene und Alleinerziehende mit Kindern sind schon lange armutsgefährdet.

Ist das die Zukunft, die wir unseren Kindern hinterlassen? Jahrzehntelang hat der Staat so viel Geld für Prestigeobjekte, Subventionen, Bestechungsgelder und Luxusapanagen ausgegeben, dass nun für unsere Kinder nichts mehr übrigbleibt? Immer noch erhöhen alle Regierungen die Steuern, kommen gleichzeitig nicht damit aus und haben ohne vor Scham rot zu werden die Frechheit, uns das als Wohltat an uns Wählern zu verkaufen? Die Mächtigen dieser Welt haben den Geldmarkt so ruiniert, dass als Folge davon auch der Wohnungsmarkt von den Reichen ruiniert wird. Immobilien sind zur einzig sicheren Geldanlage und damit zum Ziel aller Spekulanten geworden.

Sämtliche Politiker aller Länder schauen mit stoischer Ruhe zu, wie die Wohnungspreise als Folge dieser verfehlten Politik und der vermeintlichen „Marktwirtschaft" durch alle nur denkbaren Decken schießen. Ist halt so, was kümmert das die, die sich vor Jahrzehnten eine billige Bleibe sichern konnten? Die selbst noch einen Teil ihrer Eigentumswohnung als Förderung vom Staat geschenkt bekommen haben, sodass es heute de facto keine Wohnungsfördergelder mehr gibt? Sollen doch die Jungen schauen, wo sie bleiben, der Papa wird's schon richten, ja und wenn man keinen Papa und keine Mama mit Geld hat, tja, Pech gehabt.

Bei Parteitagsreden werden schöne Lippenbekenntnisse über das Recht auf Wohnen abgegeben, aber die sind nie ernst gemeint, denn Taten folgen darauf nie. Statt dass ein europaweiter Aufschrei durch die Reihen geht und Oppositionsparteien sich das Thema „Wohnen" auf die Fahnen heften, geschieht - absolut nichts. Nicht einmal sozialdemokratische und linke Parteien rühren sich, merken nicht einmal, dass sie mit diesem himmelschreienden Missstand die Regierungen vor sich hertreiben könnten.

Was sollen die Jungen von so einer abgehobenen Politkaste halten, die sie in keiner Weise vertritt? Von denen sie noch dazu als politikverdrossen beschimpft werden und wenn sie demonstrieren, droht man ihnen Strafen etwa wegen Verletzung der Schulpflicht an.

Der Wahnsinn des Patriarchats

Der Betrug an der Mehrheit hat viele Formen, aber alle haben eine gemeinsame Ursache: Seit 5.000 Jahren gibt es das Patriarchat mächtiger Männer, dieses lebt von der Unterdrückung der Mehrheit und indoktriniert unsere Gehirne in einen kollektiven Wahnsinn, der so „normal" ist, dass man ihn gar nicht mehr hinterfragen darf. Im Patriarchat dürfen Kinder ebenso ausgebeutet werden wie Frauen, Tiere und Ökosysteme. Seit 5.000 Jahren werden Kinder versklavt, im Krieg verheizt und um ihre Zukunft betrogen.

Wenn sie dann vor lauter Traumatisierung körperlich und seelisch verkrüppelt sind, bekommen sie zum Schaden noch den Spott dazu: Die Kinder des „Pöbels" sind unbegabt, unzivilisiert, schmutzig, charakterlos, kriminell und schwach.

Dabei ist es eine enorme Leistung, unter den Bedingungen des Patriarchats überhaupt zu überleben und zumindest einige Fähigkeiten zu entwickeln. Straßenkinder in den Slums der Großstädte wachsen of tohne Eltern und ohne jeden Schutz auf und sind dennoch sehr erfindungsreich, wenn es ums Überleben geht. Sie schließen sich zu Kindergruppen zusammen und helfen sich gegenseitig, überleben auf Müllhalden von weggeworfenen Nahrungsresten, sammeln Plastik und Glas oder erbetteln sich ein paar Cent. Diese „verwahrlosten" Kinder muss man noch zu den Arbeitssklaven dazu zählen, dann kommt man auf 300 Millionen unterdrückter und im Stich gelassener Kinder.

Menschen, die so mit Kindern umgehen, haben kein Gewissen, haben dieses schon vor langer Zeit verloren. Wer sich ohne Kritikfähigkeit auf das Patriarchat einlässt, verliert bald alle Werte, die zur Humanität gehören, und wird ein seelenloses Monster. Touristen dürfen jetzt das, was die Herrschenden immer schon taten. Ein Billigflug nach Thailand oder auf die Philippinen und schon kann man seine Pädophilie nach Herzenslust ausleben.

Manche Reiche versuchen, ihr schlechtes Gewissen mit Spenden zu beruhigen und machen daraus eine neue Reichtums-Philosophie. Man muss ja zuerst reich werden, damit man dann möglichst viel spenden kann. Meist werden die Spenden aber aus dem Werbebudget finanziert, damit man in der Öffentlichkeit gut dasteht. Wie Piketty zu Recht feststellt, führt die Millionärsphilanthropie dazu, dass die Armen die Hobbys der Reichen finanzieren. Da die den Armen gestohlenen Millionen nach Gutdünken der Millionäre ausgegeben werden, worauf niemand sonst Einfluss hat, ist es ein glücklicher Zufall, wenn Arnold Schwarzenegger die Umweltbewegung sponsort. Ein anderer Milliardär sponsort vielleicht die Forschung zur Deutschen Kriegsmarine (Keine Scherz, ein mir bekannter Verlag lebt davon) oder die Eroberung des Mars. Das hilft der Menschheit hier auf der Erde ganz sicher nicht weiter.

Stoppt den LKW-Wahnsinn!

In einem Punkt wird die EU zu Recht kritisiert. Es gibt viel Uneinigkeit im Europäischen Rat, aber ein Konsens ist so groß, das er sprichwörtlich über alles drüberfährt, was kreucht und fleucht: Die Raumordnung in Europa hat sich dem freien Güterverkehr unterzuordnen und entsprechend sieht unsere Landschaft auch aus. Schon jetzt sind viele Orte an den Durchgangsstraßen unbewohnbar, weil Lärm und Luftverpestung durch LKWs immer schlimmer werden. Schöne alte Häuser werden nicht renoviert, weil niemand mehr darin wohnen will. (Dies kann man sich z.B. in Oberndorf, dem Geburtsort von „Stille Nacht" anschauen, die verfallenden Häuser der ersten Sänger des berühmtesten Weihnachtsliedes sind ein Skandal und ein Trauerspiel in einem). Allerorten schreien Bürgerinitiativen nach Umfahrungsstraßen, die aber längst unfinanzierbar und durch Flächenzerstörung ein ökologisches Desaster sind. In 20 Jahren werden doppelt so viele LKWs auf unseren Straßen fahren, dass planen EU-Kommission und Multis mal so ganz locker.

Diese hochoffizielle Landschaftszerstörungs-Politik ist weder notwendig noch so unausweichlich, wie uns die Bosse einreden wollen. Sie ist vielmehr die Folge einer desaströsen und destruktiven Logistik, die von falschen Voraussetzungen ausgeht und alle konstruktiven Möglichkeiten ausblendet, die den Multis und dem Finanzkapital nicht in den Kram passen.

Bis vor 30 Jahren war in allen Ländern der Welt die Logistik regional und durch kurze Wege gekennzeichnet. Milchbauern lieferten in die nächste Stadt, dort wurde ihr Produkt verarbeitet, verkauft und auch gegessen. Man brauchte wenige LKWs, weil diese nur kurze Strecken fuhren und jeder LKW daher in seinem LKW-Leben viel mehr Güter transportieren konnte als heute. Man kam daher mit viel weniger versiegeltem Straßenasphalt pro Einwohner aus als heute.

Auf Grund eines sträflich unlauteren Wettbewerbs durch Subventionierung der fossilen Brennstoffe wurde der Transport so billig, dass die Konzerne jedes Produkt um die ganze Welt schicken können, oft mehrmals, weil jeder Produktionsschritt in einem anderen Land stattfindet. Dadurch können Großkonzerne weltweit die traditionellen ökologischen Kleinstrukturen zerstören und die Bevölkerung von sich abhängig machen, was zu Armut, Prekariat und Flüchtlingsströmen führt. In reichen Ländern wie dem unseren zerstört dies „nur" die Landschaft und die gewachsenen Siedlungen. Dies wurde von den neoliberalen Lobbys überall durchgesetzt und als Fortschritt verkauft. Dies ist zwar gut für die Geldbörsen der Reichen, zerstört aber die sozialen und ökologischen Strukturen, die sich über Jahrhunderte bewährt haben.

Dieser asoziale Fehlsteuerungsprozess ist sofort beendet, wenn fossile Energie nicht mehr subventioniert und Umweltkosten z.B. durch CO_2-Bepreisung bezahlt werden müssen. Dann wird die Logistik sehr schnell wieder so effizient werden wie vor 50 Jahren, es wird wieder regional eingekauft und transportiert und die LKWs werden weniger. Flankierend werden mehr Güter auf die Bahn kommen, weil die weniger CO_2 produzieren.

Die Energie des Menschen

Unser Körper besteht aus Energie, die sich in 4 Mrd. Jahren Evolution höchst sinnvoll organisiert hat. Dieses Wunderwerk der Natur ist nach derzeitigem Wissen einmalig an Komplexität und potentiellen Möglichkeiten.
Durch die Nutzung der fossilen Energien ist unser Energiehaushalt völlig durcheinander gekommen, weil die Zauberlehrlinge glaubten, Explosionen seien faszinierender als die fein austarierten Energiesysteme der Natur. Das Ergebnis sehen wir nicht nur im Außen, in einem völlig dekompensierten Planeten, sondern auch im Innen. Es geht uns nicht gut, weil alle möglichen Energien an den falschen Stellen ihr Unwesen treiben. Dies treibt uns in Hyperaktivität und Überspannung, die irgendwann in Erschöpfung, Depression und Burnout kippen.

Eine Rettung der ökologischen Systeme beginnt zuallererst in uns selbst, denn unser Körper ist ein ökologisches System. Billionen Zellen kommunizieren ständig miteinander und tarieren die fließenden Körperenergien pausenlos so aus, dass alles ökonomisch und sinnvoll an der richtigen Stelle ist. Das Grundgesetz ist der Stoffwechsel: alle Energie, die wir aufnehmen, müssen wir auch wieder abgeben und verbrauchen.

Derzeit gibt es zwei Gruppen von Menschen: Die eine Hälfte der Menschheit nimmt zu viel Energie auf und verbraucht zu wenig: Dann stauen sich Kalorien und Giftstoffe und werden zu Körperblockaden, die Menschen werden übergewichtig und hyperaktiv. Die andere Hälfte hat zu wenig oder die falsche Nahrung und wird lethargisch, krank und ist am Ende tot. Beide Probleme ließen sich durch eine gerechte Verteilung der Energie lösen, die allen Menschen gönnt, was sie brauchen und dem ständigen Zuviel Grenzen setzt.

Die vielen Maschinen, die uns die körperliche Arbeit abnehmen und uns in unnatürliche Welten katapultieren, helfen nur scheinbar, sie richten uns in Wirklichkeit langsam zugrunde. Der Mensch muss mindestens 2.000 Kcal pro Woche durch körperliche Anstrengung verbrauchen, sonst wird er krank. Ein Großteil der Stadtmenschen erreicht diesen Wert nicht, weil er sich nach einem stressigen Bürotag nicht mehr zu sportlichem Training aufraffen kann. Die Chance, durch den Alltag ins Gleichgewicht zu kommen, wird uns mit jeder neuen Maschine genommen. Rasen Mähen, Reparieren, Gehen, Schleppen, Waschen, sogar Kochen - alles ist längst an Maschinen ausgelagert. Die meisten Menschen wissen nicht mehr, wie man durch rhythmische Alltagsbewegungen sein Gleichgewicht findet.

In meiner Kindheit predigten die Alten „Sich regen bringt Segen". Sie meinten damit nicht den Nervenkitzel von Extremsportarten, sondern die Freude am Alltag. Sie hatten den ganzen Tag zu tun, gingen treppauf, treppab, schleppten hin und schleppten her, werkten in der Küche, der Werkstatt, dem Garten, auf den Feldern. Arme, Beine, Rumpf – alles wurde bewegt, bis man müde war und zufrieden einschlief. In Gegenden, wo die Menschen heute noch so leben, gibt es die meisten 100-jährigen, weil stressfreie rhythmische Bewegung das Leben verlängert.

Deswegen hat Handwerk goldenen Boden. Was man mit den Händen und mit Muskelkraft macht, wird besser als jedes Maschinenprodukt. Keine

Maschine kann die Feinabstimmung erreichen, zu der der Mensch imstande ist, wenn Muskelkraft, Wahrnehmung und lebenslange Erfahrung optimal zusammenspielen.

Deswegen: Macht alles von Hand, was ihr selber tun könnt. Holt euch eure Energie zurück, denn unnötige Motoren sind in Wirklichkeit Energievampire, die die Lebensenergie aussaugen. Kehren ist schöner als Staubsaugen, die Heckenschere ist gesünder als die Schermaschine, in die Erde greifen ist erfüllender als jedes Agro-Gerät. Wenn ich mich beim Graben und Umstechen in meinem Garten anstrengen muss, steigt meine Lebensenergie, wenn ich 2 Stunden mit einer lärmenden Höllenmaschine arbeiten muss, bis ich genervt und unzufrieden und meine Ohren versagen mir langfristig den Dienst.

Ist der Kunde König?

Wenn man vor 50 Jahren etwas kaufen wollte, ging man in ein Geschäft, wurde von einem Verkäufer freundlich und fachkundig bedient; wenn der einen vom richtigen Produkt überzeugte, kaufte man es. Falls etwas nicht zur Zufriedenheit klappte, ging man nochmal in sein Geschäft, um den Fehler beheben zu lassen.

Seit 15 Jahren bekommt man alles im Internet. Das ist verführerisch, E-Commerce boomt. Wenn aber etwas nicht klappt, ist man angeschmiert. Es ist nahezu unmöglich, an einen lebenden Menschen zu kommen, der sich auskennt und freundlich berät. Die Homepages und Call-Center sind als Endlos-Labyrinthe konstruiert, wo man in Warteschleifen hängt oder in 100 Erklärungsseiten nach seinem Problem suchen muss. Wenn man endlich durchkommt oder die richtige Seite findet, wird man im Kreis geschickt, denn der Sachbearbeiter im Call-Center kennt sich nicht aus oder hat keine Befugnis, das Problem zu lösen; auf der „richtigen" Seite muss man erst alle möglichen Anmeldungen ausfüllen und Daten preisgeben, die man gar nicht preisgeben will. Dann bekommt man ein paar Tage später eine Email-Antwort, die man meist nicht beantworten kann, es sind in der Regel NO-Reply-Mails. Diese geplante Verarsche ist Absicht. Man will Personalkosten auf die Kunden abwälzen und sie so lange entmutigen, bis sie auf berechtigte Beschwerden verzichten. Oligopol-Konzerne glauben, dass der Kunde auf sie angewiesen ist und daher keineswegs gut behandelt werden muss.

Da kommen die Fachgeschäfte ins Spiel. Viele E-Commerce-Kunden sind von ihrer stundenlangen Antwortsuche im Netz so genervt, dass sie lieber wieder zum Verkäufer ihres Vertrauens gehen, weil der sie menschenwürdig behandelt und nach 3 Minuten eine Lösung hat, die im Netz unter einer Woche nicht zu haben ist. Deswegen verschwindet der analoge Handel keineswegs, ganz im Gegenteil: Die Betreuung von Mensch zu Mensch wird bald wieder an Wert gewinnen.

Wie wir in den Überkonsum manipuliert werden

Wir werden durch ständige Berieselung manipuliert, Dinge zu kaufen, die wir gar nicht brauchen. Große Firmen geben Unsummen für Marketing aus. Der Produzent eines Produkts verdient maximal 10% des Endpreises, der Rest fällt auf Werbung, Logistik, Verwaltung und Verkauf. Marketing-Gurus verdienen großartig. Sie erfinden ständig neue Tricks, um die Konsumenten zu unüberlegten Käufen zu manipulieren. Sie schreiben tolle Bücher über Verkaufsstrategien und verbreiten diese auf teuren Verkäufer-Seminaren. Jahrelang war die Labyrinth-Strategie die beliebteste Marketingmethode, sie war dem Ostereier-Verstecken abgeschaut: In den letzten 5 Jahren ärgerte ich mich jedes Mal, wenn ich im Lebensmittelgeschäft einkaufte, weil ich die einfachsten Gegenstände nicht fand. Dann merkte ich, dass Kaffee, Reis, Mehl etc. bei jedem Einkauf in einem anderen Regal lagen. Irgendwann fragte ich den

Supermarktleiter, warum sie denn ständig alles hin und her räumten. Dessen Antwort: „Wir müssen das tun, weil unsere Chefs glauben, dass die Kunden dann mehr Sachen kaufen, die sie gar nicht kaufen wollen." Seit einiger Zeit dürfen die Waren wieder an ihren Stammplätzen verbleiben und ich finde wieder alles, das macht das Einkaufen wesentlich angenehmer und stressfreier. Wahrscheinlich haben die Marktstrategen inzwischen die Labyrinth-Strategie evaluiert und berechnet, dass die Erhöhung der Verkäufe von den erhöhten Lohnkosten aufgefressen wird, denn durchs Umräumen stehen sich ja nicht nur alle im Weg, die VerkäuferInnen schuften wie die Schweine, das kostet Zeit und Geld.

Es gibt weitere Idiotien: Lebensmittel wegschmeißen, unsinnige Mindestablaufdaten, unleserliche Kennzeichnungen, leere Regale wie im Ostblock (erspart Lagerkosten). „Finanzprodukte", die uns die Bankberater ständig einreden wollen, um dann im Falle eines Verlustes von nichts gewusst zu haben, toppen das noch. Als ich zuletzt darauf hereingefallen bin, war mein Geld sofort um 12% weniger wert (6% Vertreterprovision, 6% Steuer und Verwaltungskosten waren sofort abgezogen). In der aktuellen Corona-Krise ist es nur mehr die Hälfte wert. Das nennen die Bankenkeiler „sein Vermögen vermehren." Wie sagte schon Berthold Brecht: „Bankraub ist was für Dilettanten. Wahre Profis gründen eine Bank."

Ode an den Mammon

Advent Advent
Der Akku brennt
Bald brennen Handy, Laptop, Wälder
und Asche senkt sich auf die Felder
Denn alles dreht sich nur ums Geld
weil das den Firmen so gefällt
Es bluten Hase, Hirsch und Reh
das kümmert niemand, weh oh weh
Das Kalb im Schlachthof ruft vergebens
nach seiner Kuh, doch kommt brutal
das End des Lebens voller Qual.
Damit wir essen Wurst und Braten
damit das Fest uns gut geraten
Was ist mit Frieden, Lieb und Herz
wenn so viel Tiere leiden Schmerz
Wenn so viel Pflanzen sinnlos sterben
damit die Reichen noch mehr erben?
Mir scheint, das Fest wird nicht verstanden
wenn wir bei Völlerei nur landen
Das Fest des Geistes sei's gewesen
doch viele denken nur an Spesen
an Kunden, Werbung und Gewinn
Das sei des Lebens tiefster Sinn
Wenn Menschen so sind ohne Ziel
dann wird das Leben bald zu viel
Die Seele, sie ist abgeschafft
das raubt uns unsre letzte Kraft
Doch wenn im Winter alles tot
kündigt sich an ein Morgenrot
Die Wurzeln geben ihre Kraft
dem nächsten Frühling voller Saft.
Den nächsten Sommer kann man ahnen
und in der Ruh das Neue planen.

III. Lösungen

Die Welt wird freier

Piketty erklärt das aktuelle Scheitern der Sozialdemokratie damit, dass sie es nicht schafft, eine attraktive Vision einer gerechten Zukunftsgesellschaft zu vermitteln, für die sich alle gern ins Zeug legen. Hingegen laufen alle der amerikanischen Vision vom Kampf für die Freiheit nach, obwohl die in keiner Weise hält, was sie verspricht.

Ein Leben in Freiheit, dafür treten die Regierungen des Westens seit 80 Jahren ein. Im Prinzip zumindest. Denn wessen Freiheit sie dabei meinen, ist nicht immer ganz klar. Nach 80 Jahren Vorherrschaft der USA ist es um die Freiheit in der Welt nicht gut bestellt, wenn man mal von Millionären und multinationalen Konzernen absieht.

Die Freiheit ist für die meisten Menschen Zukunftsmusik, das macht sie aber nicht weniger dringlich. Wahre Freiheit wünschen sich alle und meinen damit ein gutes Leben für alle. Das I.L.A Kollektiv (2019) beschreibt, wie wir eine solche freie und soziale Gesellschaft aufbauen können, mit sehr einfachen Mitteln. Es entzaubert alle falschen Mythen, dass es zur kapitalistischen Marktwirtschaft keine Alternative gibt. Im Gegenteil, nur soziales und ökologisches Handeln ist noch wirtschaftlich, sobald man die Situation des Planeten und alle Folgekosten einberechnet. Das wird schneller geschehen, als es den jetzigen Eliten lieb ist. Die Tipps der Wissenschaftler sind einfach und für jeden nachvollziehbar, sie brauchen keine komplizierten Theorien, die eh nur der Verschleierung dienen, sondern erzählen einfache Wahrheiten, wie ein soziales Anthropozän funktionieren kann.

Das I.L.A. Kollektiv skizziert Regeln einer solidarischen Gesellschaft, die die Destruktivität des Neoliberalismus abschafft und Nachhaltigkeit,

Ökologie und soziale Zufriedenheit ermöglicht. Dies geschieht durch Gemeinschaft, Tausch, Teilen, demokratische Gestaltung, Mitsprache auf allen Ebenen, Deckung der Grundbedürfnisse und Vermeidung unechter Bedürfnisse. Ein Netzwerk solidarischer Gemeinschaften hat bereits begonnen, unser Leben in eine gesunde Richtung umzubauen. So verbietet die Stadt Grenoble Werbung auf öffentlichen Flächen, weil damit falsche Bedürfnisse forciert werden. Die Stadt Wien hat schon vor 100 Jahren bewiesen, dass günstiges Wohnen für alle möglich ist und hält diesen positiven Zustand bis heute durch kommunale Wohnbauten aufrecht. Weltweit sorgen Wohn-, Agrar- und Energiegemeinschaften für gerechten Wohnraum, gesundes Essen und ökologische Energieproduktion, weil alles lokal hergestellt und genutzt wird. Es ist nicht möglich, dass immer mehr Menschen immer mehr Güter verbrauchen und immer schneller wegwerfen, dadurch werden die globalen Probleme vom Klimawandel bis zur Müllverseuchung verschärft. Die neoliberalen Wirtschaftswissenschaftler weigern sich, diese Zusammenhänge zur Kenntnis zu nehmen. Kenneth Boulding hat für den Mythenglauben der Volkswirte nur Sarkasmus übrig: „Jeder, der glaubt, exponentielles Wachstum kann andauernd weitergehen in einer endlichen Welt, ist entweder verrückt oder Ökonom."

Die Lebensweise der Zukunft wird nicht mehr durch Geld-, Güter- und Lohnarbeitskategorien bestimmt sein. All dies war nur Mittel zum Zweck, um Wohlstand zu schaffen, ist aber in einer Sackgasse angelangt. In Zukunft stehen soziale Fürsorge, Gemeinschaft und kreative Freiheit im Mittelpunkt des Handelns. Echter Wohlstand funktioniert ganz anders, als es sich Ökonomen vorstellen. Am besten kann man dies am Leben sehr alter Menschen ablesen, denn unsere Körper lügen nicht. Brinkbäumer (2019) erzählt die Lebensgeschichten von Menschen, die hundert Jahre, ja sogar älter als 110 wurden und beschreibt das Geheimnis des langen Lebens. Da gibt es die Okinawa-Diät, da auf Okinawa die meisten Hundertjährigen leben: viel frisches Gemüse und Obst fünf Mal am Tag, den Magen nur zu 80% füllen, ein bisschen Fisch, wenig Fleisch, kein

Alkohol. Auf Okinawa ist es immer angenehm warm, die Menschen halten zusammen, nehmen das Leben, wie es ist, konzentrieren sich auf das Wesentliche, sie flechten gemeinsam Kleider, Körbe und Taschen. 7-Tage-Adventisten leben genügsam, fast spartanisch, vermeiden alle Extreme, das scheint ebenfalls sehr gesund zu sein. Warum sollen nicht bald alle Menschen auf Erden so gesund leben? Viele Güter, tote Tiere und Naturzerstörung braucht es dazu nicht.

Bruttoverteilungsprodukt

Mit der Vergötzung des Bruttonationalprodukts zerstören die Ökonomen seit 100 Jahren die Welt und machen mehr Menschen unglücklich statt glücklich. Seit 50 Jahren schmettern sie alle Kritik mit dem Argument des Wirtschaftswachstums ab. Die Ökonomen haben vergessen, dass die Wirtschaft dazu da ist, die Bedürfnisse der Menschen zu erfüllen. Vielmehr erzeugen sie künstliche Bedürfnisse, die wir Menschen gar nicht haben, damit die „Wirtschaft" weiterwächst. Wer braucht Starkstrommasten und 5G vor seiner Haustür, Plastik im Essen und Chemie auf der Haut?

Der Mensch braucht zum Glück gar nicht viel: Ein paar Kleidungstücke, die ihn warmhalten. Täglich 2.000 bis 2.500 Kcal in Form von gesundem, naturbelassenem Essen. Sauberes Wasser. 20 bis 30 m2 Wohnfläche pro Person. Zugang zu Information im Internet. Eine friedliche Gesellschaft, frei von Gewalt. Viel persönlichen Kontakt zu Menschen, die einen mögen. Die Freiheit, sein persönliches „Ding" zu machen und sich dabei zu entwickeln. Menschen, die dies haben, sind glücklich, gesund, positiv und freundlich. Die meisten Menschen haben es aber nicht, denn entweder haben sie materielle oder soziale Defizite in krankmachendem Ausmaß oder sie wurden in eine falsche Lebensweise manipuliert, die darin besteht, den krankmachenden sozialen Mangel durch einen

Überfluss an Dingen zu kompensieren, von denen sie längst genug haben. Das Ergebnis ist bekannt: Psychische Krankheiten, Gewalt und Egoismus steigen, artgerechte Lebensformen von Menschen, Tieren und Pflanzen verschwinden.

Wir stehen vor einer globalen Wende, und brauchen ein neues Maß für die Entwicklung der Welt. Ich nenne es **Bruttoverteilungsprodukt**. Wir haben kein Wachstums- sondern ein Verteilungsproblem. Unsere Wirtschaft produziert mehr als genug, aber es landet an den falschen Stellen. Meist bei wenigen Reichen und bei denen, die sich eh schon längst überfressen haben. Das ist nicht nur unmoralisch und ungerecht, sondern in höchstem Maße sinnlos.

Das globale Bruttoverteilungsprodukt lässt sich einfach errechnen. Wir sind derzeit 7,8 Milliarden Menschen, multipliziert man diese Zahl mit den Durchschnittsbedürfnissen pro Mensch, erhält man die Zahl der notwendigen jährlichen Produktion. Diese wird einer Umweltverträglichkeitsprüfung unterzogen, dergestalt, dass nicht mehr Ressourcen verbraucht werden dürfen, als die Erde nachhaltig hergibt (Bruttoumweltprodukt). Das Bruttoumweltprodukt ist nur durch nachhaltige Kreislaufwirtschaft zu halten und begrenzt den möglichen Verbrauch pro Person (Donut-Economy). Jetzt kommt die gute Nachricht: Das Bruttoverteilungsprodukt liegt bei richtiger Verteilung unter dem Bruttoumweltprodukt. Es ist möglich, allen Menschen zu geben, was sie brauchen, ohne dabei den Planeten zu ruinieren. Vorsichtig geschätzt liegt das globale Verteilungsprodukt bei nur 50% des derzeitigen globalen BSP, weil 50% der derzeitigen Produktion überflüssig oder falsch zugeteilt sind. Damit kommen wir wieder mit 1 Erde aus und können aufhören uns aufzuführen, als könnten wir 2 Planeten auf einmal zerstören.

Die Definition der Durchschnittsbedürfnisse, die jedem Menschen zustehen, ist Ergebnis eines politischen Prozesses. Beispiel Wohnraum: Wenn alles gut läuft und intelligent gemacht wird, können sich die

Menschen 30m2 pro Person leisten. Wenn nicht, dann sind es eben nur 15 oder 20m2, weil man mit der Hälfte der Rohstoffe auskommen muss. Damit wären aber 90% der Menschen schon hochzufrieden, weil die derzeitige Globalwirtschaft ihnen nicht einmal 10m2 zugesteht oder sie überhaupt obdachlos macht. Natürlich ist das Ziel der Verteilungsgerechtigkeit nicht sofort zu erreichen, sondern nur auf einem langen Weg politischer Neugestaltung. Die Berechnung des Bruttoverteilungsproduktes und der Bedürfniserfüllungsrechte pro Mensch kann aber dazu führen, dass Produktion, Bedürfniserfüllung und Ökologie sich wieder decken. In Wahrheit haben wir gar keine andere Chance, als diesen Weg zu gehen.

Die Wirtschaft der „Primitiven"

Die Indigenen werden immer noch ermordet, bekämpft, entwurzelt, nicht nur in Brasilien, sondern überall, wo sie die Kolonialherrschaft bis heute überlebt haben. Warum lässt man ihnen die letzten Reservate nicht?

Einfache Antwort: Weil ihr Wissen nicht nur für ihre Mörder gefährlich ist. Durch das Wissen der Naturvölker werden alle blamiert, die heute an der Macht sind - Konzerne, Politiker, Professoren und Bischöfe. Heute versteht jeder, was die Indigenen sagen, niemand versteht mehr die sogenannten "Experten". Das geht natürlich nicht. Die Mächtigen haben immer schon mit jeder Konkurrenz kurzen Prozess gemacht. Seit 500 Jahren erobern europäische Kapitalisten die letzten Ecken der Welt, vorgeblich weil die Welt zivilisiert werden muss und die armen Primitiven Entwicklung brauchen. Das war die erfolgreichste Propaganda-Lüge der Weltgeschichte. In Wirklichkeit ging es den Naturvölkern bestens, solange die Zivilisation sie in Ruhe ließ. Sie wirtschafteten ökologisch, ausgewogen, sparsam, hatten viel Zeit füreinander und waren glücklich.

Die „Segnungen" der Zivilisation lehnten sie ab, weil sie sie nicht brauchten.

Naturvölker produzieren ihre Nahrung und ihre Gegenstände selbst. Wenn einer von etwas zu viel hat, schenkt er es seinen Nachbarn und vertraut darauf, dass er auch etwas geschenkt bekommt, wenn er etwas braucht, was der Nachbar hat. Es gibt nur Gemeinschaftseigentum, alles gehört allen, dadurch sind die Güter gerecht verteilt und jeder ist gut versorgt. Eigentum ist eine Erfindung der Mächtigen, um die stille Mehrheit berauben und versklaven zu können. Erst als Räuber die Getreidespeicher von Feinden leerten, musste man sein „Eigentum" verteidigen, um nicht zu verhungern. In der Folge waren die erfolgreichen Räuber die größten Apologeten des Eigentums, was nichts anderes hieß, als dass sie nichts mehr zurückgeben oder teilen wollten. So konnte man Besitz akkumulieren und die Mehrheit in einen ständigen Mangelzustand versetzen. Dann redete man den Leuten ein, dass sie für die Mächtigen arbeiten müssen, um auch „Eigentum" zu bekommen. So versklavten bald wenige Mächtige die große Mehrheit der Menschen, die Güterproduktion richtete sich nicht mehr nach den Bedürfnissen der Mehrheit, sondern nach dem Gutdünken der Mächtigen, die sich vor allem für Waffen interessierten, um die Güterakkumulation weiter vorantreiben zu können. Wenn wir wieder gemeinschaftlich leben wollen, müssen wir zurück zum Verschenken. Damit steigen wir aus dem Ausbeuterkreislauf aus und der Kapitalismus verliert seine weltumspannende Macht.

Schluss mit der Tötung von Walen, Elefanten und Nashörnern!

Unsere moderne Welt ist die Anti-These zum Naturverständnis der „Primitiven". Seit 200 Jahren setzen menschliche Großwildjäger und Walfänger alles daran, die Mega-Fauna dieser Erde auszurotten.

Das hat die Menschheit zwar schon vor 10.000 Jahren mit der Mega-Fauna Nordamerikas gemacht und Amerika gibt es immer noch. Man könnte nun meinen, dass die Großfauna uns Menschen sowieso nur das Futter wegfrisst, drum kommen wir gut damit zurecht, dass die Mammuts ausgestorben sind. So bleiben mehr Getreidefelder für uns Menschen übrig und die brauchen wir sowieso, seit sich die Weltbevölkerung verzehnfacht hat.

Doch dieses Denken ist kurzsichtig und widerspricht den Erkenntnissen der Biologie. Die größten Leittiere halten ihre Ökosysteme aufrecht und befeuern die Artenvielfalt. Die Elefanten erschaffen die Savannenlandschaften, indem sie Bäume umschmeißen und deren Blätter verspeisen. Elefantenkadaver und Elefantenkot ernähren eine Vielzahl von Lebewesen. Die Biomassen, die Großtiere anhäufen und ausscheiden, verdicken die Humusschicht und entziehen damit der Luft CO_2, und zwar auf Dauer. Die Ausrottung der Großfauna hat fruchtbare Savannen versteppen lassen; sobald man Wildtiere wieder ansiedelt, nährt deren Kot den Boden und die Natur erholt sich.

Eine ähnliche Funktion haben die Wale im Meer. Ihr Kot nährt das Plankton in der lichtdurchfluteten obersten Wasserschicht, ihre Kadaver nähren die Fauna der Tiefsee. Ohne Wale kommt der Biomasseaustausch der verschiedenen Wasserschichten zum Erliegen. Auch die Walkadaver entziehen der Luft CO_2, das den Meeresboden düngt und auf Dauer unten verbleibt. Das heißt, dass der Walfang der letzten 150 Jahre, bei dem die großen Wale fast ausgerottet wurden, ein wesentlicher Treiber des Klimawandels gewesen ist, der bislang völlig übersehen wurde. Waltran war im 19. Jhdt. der Vorläufer des Erdöls, die Wale wurden hauptsächlich für die Öllampen umgebracht. Das Walfangmoratorium ist damit wesentlich für die Rettung des Klimas. Japan, das immer noch industriellen Walfang betreibt, gehört daher geächtet und boykottiert. Kauft nichts bei Toyota, Sony, Panasonic und Konsorten, bis das Walmorden aufhört! Das ist der effizienteste Weg, die Meeresbiologie zu retten, da maritime Ökosysteme von der Leittierart Wal abhängen. Japan steckt seit 30 Jahren in einer ökonomischen Stagnation. Wenn der Konsum japanischer Exportprodukte nur um ein paar Prozent sinkt, wird Japan den Walfang sehr schnell aufgeben, um nicht in eine Rezession zu schlittern.

Die Kreislaufwirtschaft

In meiner Kindheit war Kreislaufwirtschaft selbstverständlich. Alles wurde aufgehoben, bis man es wiederverwenden konnte. Altstoffe waren wertvoll und halfen beim Sparen. Als die Wegwerfgesellschaft aus Amerika nach Europa schwappte, waren die alten Leute zurecht entrüstet über diesen Unsinn.
Zeit, dass wir diese verrückte Epoche des Wegwerfens wieder beenden, bevor der ganze Planet vermüllt. Stoffe müssen wieder einen Wert bekommen.

Altglas ist ein wichtiger Rohstoff und sollte möglichst oft benutzt werden. Stattdessen werden Flaschen achtlos weggeworfen. In Lohnarbeit stehende Menschen haben nicht die Zeit, um auch noch Altstoffe zu trennen. Arme und Alte haben aber mehr Zeit, als ihnen lieb ist. Wäre es nicht schön, wenn man für richtig sortierten Müll, denn man an den Sammelstellen abgibt, Geld bekäme? Jeder könnte sich ein Zubrot verdienen, einen Handwagen zu ziehen ist nicht zu viel verlangt. Auch Papier, Plastik und Metall können gewinnbringend recycelt werden, das könnte man per Gewicht abrechnen.
Alte Leute sollen sich viel bewegen, um gesund zu bleiben; nichts ist gesünder als ein täglicher Spaziergang. Wenn man beim Gang durch sein Viertel auch noch Geld verdient, spaziert man länger, als wenn man kein Ziel hat.

Das Recyceln von Rohstoffen würde viel wirtschaftlicher, wenn es nicht mehr durch teure Lohnarbeit finanziert werden müsste, sondern durch eine Freiwilligen-Armee von ehrenamtlichen Umweltschützern, die mit einem kleinen Belohnungs-Bonus zufrieden sind. Umweltschützen, Spazieren gehen, Geld verdienen. Wenn das kein sinnvolles Konzept ist! Einzig nötige Investition: Man stellt Sammelautomaten auf, wo jetzt die Umwelttonnen stehen. Wer einwirft, bekommt Geld heraus, wie derzeit beim Zigarettenautomaten. Im Nu könnten die Kommunen jede Menge Personalkosten für die Straßenreinigung sparen und die Städte wären blitzsauber.

Die Welt wird gerechter

Bis heute darf jeder gierige Konzern und jeder reiche Investor die Natur nach Herzenslust zerstören, wenn es ihm gerade Spaß macht. Solche Leute haben genug Geld, Anwälte und Lobbyisten, dass sie sich die Gesetze so hinbiegen, dass genug kriminelle Schlupflöcher übrigbleiben, das Schicksal der Welt ist ihnen sowieso scheißegal.
Naturzerstörung und Baummorde müssen Straftatbestände werden. Das kommt sicher, aber bei den langsamen Mühlen der Justiz wahrscheinlich zu spät für die Ökosysteme. Bis dahin müssen Widerstandskämpfer sich die Baummörder vornehmen - Baum für Baum, Verbrecher für Verbrecher. Baum-Mord braucht einen Preis, genau wie das CO2. Die Verantwortlichen werden in 30 Jahren vor Kriegsgerichtshöfen stehen, weil Krieg gegen die Natur dann als faschistisches Verbrechen judifiziert werden wird. Doch für die Bäume ist es dann zu spät.

Noch ist unsere Welt ungerecht. Schmarotzende, gewissenlose, asoziale Reiche werten jene als "Sozialschmarotzer" ab, denen sie das nötige Geld und alle Zukunftschancen geklaut haben. Wenn es so weitergeht wird am Grabstein der Zivilisation folgendes stehen: „Wenn der letzte Militär gefallen ist, der letzte Reiche an seinem Geld erstickt, der letzte Metzger sich in sein Messer stürzt - dann wird die gnädige Natur Gras wachsen lassen über alles, was verblendeten Menschen einst wichtig war."

Es muss nicht so kommen. Unsere Welt ist nicht nur voller Probleme, sondern auch voller Lösungen: Marinaleda ist ein Dorf in Andalusien, in dem jeder Bewohner 1.200€ verdient. Sein Bürgermeister schaffte die Zwei-Klassen-Gesellschaft ab, es herrscht dort echte Demokratie, wo jeder für sich selbst und für seine Gemeinschaft verantwortlich ist! Dieses Gemeinwohlsystem ist viel effizienter in der Ressourcenallokation und in der Energieausnützung als unsere hochwissenschaftliche Nationalökonomie. In Marinaleda bekommt jeder was er braucht, keiner bekommt, was er nicht braucht. In Summe brauchen alle weniger und verschwenden weniger Energie.

Der eiserne Vorhang an der einstmaligen innerdeutschen Grenze steht dafür, wie man Böses in Gutes verwandelt: Vor 30 Jahren wurden dort Menschen erschossen, heute können Tiere, Pflanzen und Biotope in einem Stück von der Ostsee bis zum Riesengebirge wandern, ohne Gefahr. Der Todesstreifen für Menschen wurde zum Überlebensstreifen für Tiere. Streifen des Überlebens könnten alle Länder und alle Kontinente durchziehen, wenn man alle Bauten begrünt, die keiner mehr braucht, Industriebrachen, kaputte Straßen, brachliegende Felder. Mehr braucht es nicht, um die Artenvielfalt wiederherzustellen.

Die derzeitige Einkommensschere zwischen Reich und Arm gehört abgeschafft. Jeder Erdenbürger bekommt in Zukunft ein Mindesteinkommen, von dem er seine Grundbedürfnisse decken kann. Wer viel arbeitet oder geschickt wirtschaftet, verdient mehr, aber nur bis zur Obergrenze des 10fachen des Grundeinkommens. Sinnloses Geldscheffeln wird verhindert, indem Gewinn, der die Obergrenze überschreitet, dem Gemeinwohl zufällt. Es gibt eine Transparenzdatenbank, in der aufscheint, wie viel ein Mensch bereits an das Gemeinwohl abgeliefert hat. In Zeiten der Krise oder der Ausbildung, wo einer wenig hat, kann er einbezahlte Gelder in monatlichen Zuschüssen zurückfordern, aber nur bis zur Einkommensobergrenze. Umgekehrt können Junge, die noch nichts haben, Vorauszahlungen beantragen, die sie zurückzahlen, wenn sie später die Einkommens-Obergrenze überschreiten. Der Staat und in weiterer Folge die UNO agieren als dem Gemeinwohl verpflichtete Unternehmen, bei denen jeder Bürger Aktionär ist und das Grundeinkommen als Dividende bekommt. UNO und Weltwährungsfonds gleichen durch Sonderzahlungen das weltweite Ungleichgewicht zwischen reichen und armen Staaten aus.

Angriffskriege werden geächtet und mit Sanktionen belegt. Dazu zählen ein radikaler Wirtschaftsboykott per UNO-Beschluss, der Ausschluss von allen Weltentscheidungsgremien, das Ausschalten militärischer Usurpatoren durch Kommandoaktionen und Drohnen. Wer dem UNO-Kriegsverbot zuwiderhandelt, muss mit dem sofortigen Verlust seines Lebens rechnen oder mit lebenslanger Haft.

Bei Schädigung der Natur gilt das Verursacherprinzip. Firmen müssen für alle Kosten aufkommen, die sie verursachen und den vorherigen Zustand wiederherstellen. Wer einen Wald verbrennt, muss ihn wiederaufforsten und für die vorherige Artenvielfalt sorgen. Destruktives Wirtschaften wird so unrentabel, dass es schnell aufhört. Bei asozialem Verhalten gilt das Wiedergutmachungsprinzip. Jeder soziale, psychische oder materielle Schaden muss ersetzt werden.
All dies klingt utopisch, entspricht aber dem urmenschlichen Denken der Stammes-Gesellschaften. Dieses Neue Denken wird logisch, leicht verständlich und auch leicht durchsetzbar, wenn erst die Mehrheit der Menschheit ein gleichwertiges Entscheidungsrecht hat. Wenn die Welt nach den Prinzipien der Menschenrechte organisiert ist, fallen viele unnötigen, kostspieligen und destruktiven Handlungen weg, die derzeit noch schlechter Brauch sind.

Das Leben hat einen Preis

Der Untergang der Erde droht, weil in unserer Ökonomie das Leben wertlos ist. Alles Lebendige kann von jedermann getötet werden, denn das kostet nichts. Was dabei herauskommt, sehen wir gerade: Sehr, sehr viel Tod!

Besteuert wird hingegen menschliche Arbeit, mit fast 50%. Dies entspringt dem mittelalterlichen Feudalsystem. Der Untergebene hat seinem Herrn die Hälfte seines Einkommens abzuliefern, damit der sich den Bauch vollschlagen kann. Aus den Königen und Grafen wurden Politiker, aber das Steuersystem ist immer noch gleich.

Wenn wir die Erde retten wollen, müssen wir den Verbrauch der Ressourcen besteuern und nicht die Menschen. Da jeder aufgegrabene Hügel, jeder abgeholzte Wald, jedes getötete Tier uns dem Untergang näherbringen, müssen die Zerstörer so besteuert werden, dass sie sich zweimal überlegen, ob die Zerstörung wirklich sinnvoll ist. Nur dadurch werden die Zerstörung von Ökosystemen und die Aufheizung der Atmosphäre zurückgehen.

Der Ressourcenverbrauch wird zurückgehen, wenn das Wegwerfen unrentabel wird. Wie in der Natur wird der Mensch sich nur so viel nehmen, wie er braucht, um leben zu können. Die Ressourcen werden wiederverwendet, weil das die billigste Art des Wirtschaftens ist. So entsteht die Kreislaufwirtschaft, die seit 4 Milliarden Jahren in der Natur selbstverständlich ist. Die Natur setzt dem Tod nämlich Schranken: Ein Tier kann ein anderes töten, riskiert aber dabei, selbst getötet zu werden, weil das Beutetier sich verteidigt. Ein Beutegreifer attackiert nur, wenn er hungrig ist. So minimiert sich der Tod auf das Notwendige, das den Kreislauf des Lebens in Schwung hält.

Bedingungsloses Grundeinkommen

Die Menschheit würde nur die Hälfte des heute herumgeisternden Kapitals brauchen, wenn jeder Mensch sich mit der Deckung seiner Grundbedürfnisse zufriedengäbe. Die andere Hälfte ist unnützer Ballast, den die Reichen verwalten, ohne Sinnvolles damit anfangen zu können. Meistens werfen sie es zum Fenster raus, weil sie es unbewusst wieder loswerden wollen.

Wir brauchen eine gerechte Verteilung des Geldes, damit alle das tun können, was ihnen wichtig ist. Ein simpler Weg dorthin ist das bedingungslose Grundeinkommen. Wenn alle 7,8 Milliarden Menschen, angepasst an die Kaufkraftparität ihrer Länder, ein Grundeinkommen bekommen würden, reichten dafür 15 bis 20% des Weltbruttoprodukts aus. Ein Bruchteil des auf der Welt vorhandenen Geldes würde die Armut für alle Zeiten abschaffen und einen Wachstums- und Konsumschub auslösen. Vor allem aber einen Bildungsschub, denn wenn sich keiner mehr Existenzsorgen machen muss, tut jeder wahrscheinlich das, was er am liebsten tut. Das heißt in der Regel, dass er sich fortbildet.

Es ist egal, ob einer gern Golf spielt oder Physikbücher liest, Fußball spielt oder Medizin studiert, denn mit jeder Tätigkeit kann man Geld verdienen, wenn man darin gut genug ist. In der Top-Liga verdienen die Golfspieler mehr als die Chefärzte im Krankenhaus.

Keine Angst, die Menschen werden nicht faul herumsitzen, denn das wird nach wenigen Wochen langweilig. Sie werden Neues ausprobieren und lernen, was sie interessiert. Nach der spielerischen Lernphase wollen die meisten Menschen beweisen, dass sie etwas können und das artet in der Regel in Arbeit aus, die auch bezahlt wird.

Damit können alle Arbeitnehmer ihr Einkommen aufbessern bis zu der Höhe, die ihnen wichtig ist. Sie behalten aber die Freiheit der Entscheidung, wie sie ihr Leben und ihren Lebenslauf gestalten.

Alle 7,8 Milliarden Menschen werden gewissermaßen Aktionäre der Firma Menschheit. Aktionäre bekommen Dividenden, auch wenn sie keinen Finger für die jeweilige Firma rühren. Das Weltbruttoprodukt wird sowieso bald von Maschinen und Algorithmen erwirtschaftet, alle Finanzcoachs empfehlen ihren Klienten, sich im Internet ein arbeitsloses Einkommen aufzubauen. Das kann man doch gleich gerecht verteilen.

Das Grundeinkommen wird unbezahlte Arbeit für das Gemeinwohl aufwerten. Forschung, Kunst und soziale Tätigkeiten werden dann von der Motivation der Tätigen gesteuert und nicht von den Geldern internationaler Konzerne. Pharmaforschung z.B. kann dann von Spezialisten gemacht werden, die nur der Gesundheit und nicht einem Konzern verpflichtet sind. Kunstwerke entstehen aus dem inneren Antrieb des Künstlers und sind nicht von öffentlichen Subventionen abhängig. Nachbarschaftshilfe wird dann nicht mehr vom Parteienproporz kontrolliert, der sich die Sozialeinrichtungen als Machtbasis sichert. Jeder Bürger ist dann ein Aktionär des Staates, der seine Dividenden nach eigenem Ermessen nutzen kann. Je besser das Gemeinwohl funktioniert, desto höher kann das Grundeinkommen pro Bürger ausfallen. Wer mehr Geld braucht, wird weiterhin ein bezahltes Arbeitsverhältnis eingehen.

Die „Faulen" bekommen halt nur das Grundeinkommen, können in ihrer „faulen" Zeit Kinder erziehen, ein Studium machen, ein Projekt entwickeln oder über den Sinn des Lebens nachdenken. Wenn ihnen das irgendwann reicht, werden sie fleißig und verdienen entsprechend mehr. Workaholics können sich auch eine Yacht kaufen. Aber wie viele brauchen schon eine Yacht oder einen Porsche? Das ist meist eh nur Angeberei.

Eine Wohltätigkeitsorganisation hat ein massives Konjunkturpaket für das ländliche Kenia umgesetzt: 10.500 Haushalte bekamen je 1.000 Dollar. Eine Studie untersuchte die Effekte. Das Ergebnis: Die gesamte Bevölkerung profitierte davon und jeder investierte Dollar ließ die Wirtschaft um 2,6 Dollar wachsen.

Progressive Besitz- und Einkommenssteuern

Piketty (2020) schlägt einen sozialdemokratischen Mittelweg vor, der die Extreme der kapitalistischen Vermögensakkumulation und der kommunistischen Enteignung vermeidet und sich bereits im europäischen Sozialstaat von 1950 bis 1980 bewährt hat. Aus den historischen Erfahrungen mit verschiedenen Steuer- und Umverteilungssystemen hält er folgende Kombination von Maßnahmen für zielführend: Eine progressive Besitz- und Einkommenssteuer einerseits, ein bedingungsloses Grundeinkommen und ein Startkapital für junge Erwachsene andererseits.

1. Um eine exponentielle Besitzakkumulation abzubremsen, scheint ihm eine 5%ige jährliche Besitzsteuer zielführend, die je nach Vermögensverhältnissen gestaffelt wird, also für geringe Sparguthaben entfällt, für große Vermögen das Maximum von 5% jährlich erreicht. Eine 5%ige Einkommensschwächung ist für große Einkommen verkraftbar und wird durch die laufende Kapital-Akkumulation ausgeglichen, bremst aber die exponentielle Dynamik nach oben ab. Es gibt derzeit bereits eine 2-5%ige Vermögenssteuer, aber vor allem für kleine und mittlere Einkommen. Kleine Sparer verlieren auf Grund von Nullzinsen, Inflationsraten und fehlenden Anlagemöglichkeiten mindestens 2% ihres Vermögens pro Jahr und niemand denkt sich was dabei. Reiche Vermögen können dies durch Portfolio-Umschichtungen und effiziente Anlagestrategien verhindern. Die derzeitigen realen

Vermögenssteuern zuungunsten der sozial Schwachen verschärfen die Ungleichheit zusätzlich. Dies ist dringend umzukehren, um Handlungskapital für die soziale Umverteilung zu gewinnen.

2. Progressive Einkommenssteuern: Noch in den 1970er Jahren wurde der europäische Sozialstaat durch progressive Einkommenssteuern bis zu 70% bei den höchsten Einkommen finanziert. Damit wurde einerseits der Korruption und der exzessiven Bereicherung ein Riegel vorgeschoben, andererseits reichte das so gewonnene Steuerkapital für die Finanzierung von Sozialhilfe, kostenloser Bildung und Gesundheit für alle aus. Durch die gleichmäßigere Einkommensverteilung wurden Konsum, Bildungsinvestitionen und Wirtschaftswachstum angeregt. Als die Neoliberalen die progressiven Steuern kappten, kam es in nur 30 Jahren zur heutigen galoppierenden Reichtums-Konzentration.

3. Bedingungslose Grundeinkommen: Durch die aus progressiven Besitz- und Einkommensteuern gewonnenen Geldern lässt sich das Bedingungslose Grundeinkommen finanzieren, das allen sozial Schwachen ein würdiges und angstfreies Leben ermöglicht und enorme Einsparungen in der derzeit überkomplizierten Sozialbürokratie bringt.

4. Um das Bildungsniveau und die unternehmerische Selbständigkeit zu erhöhen, erhält jeder junge Erwachsene mit 25 Jahren ein Startkapital von 120.000 €, entweder als Kredit oder als Dividendenausschüttungen von Unternehmensgewinnen. Dies entspricht 60% des durchschnittlichen Vermögens von 200.000€, würde den Lebenserfolg jedes einzelnen beschleunigen, wenn er etwa ein Unternehmen gründet und damit neues Vermögen schafft, von dem er dann etwas zurückzahlen kann, dass wiederum der nächsten Generation den Start ins Leben erleichtert. Oder aber er kann sich damit eine Eigentumswohnung finanzieren, die dann ein Leben lang für finanzielle Sicherheit sorgt.

Dieses Modell muss zwar im Einzelnen ausdiskutiert werden, ist aber prinzipiell machbar und in der Allokations-Effizienz dem derzeitigen Raubtier-Kapitalismus haushoch überlegen. Es steigert die soziale Sicherheit, Zufriedenheit und den gesellschaftlichen Zusammenhalt. Jeder der will, kann nach wie vor nach Reichtum streben, aber eben nicht grenzenlos und nur eingebettet in das soziale Gesamtgefüge. Die Modelle von Christian Felber und Stephan Schulmeister gehen in eine ähnliche Richtung.

Das antikommunistische Wehgeschrei der Millionäre ist ein Rückzugsgefecht ohne sachliche Grundlage. Die europäischen Sozialstaaten, die auf Enteignung verzichtet haben, haben sich historisch als dem sowjetischen Enteignungskommunismus überlegen gezeigt. Die beiden Begriffe zu vermischen geht am Thema vorbei und zeugt nur vom Unwillen der Reichen, etwas von ihrem Vermögen der Allgemeinheit zur Verfügung zu stellen. Ein schlagendes Beispiel für sozialdemokratische Effizienz ist die Stadt Wien, die seit 100 Jahren nach diesen Prinzipien geführt und regelmäßig zur lebenswertesten Stadt der Welt gewählt wird.

Bedarfsgerecht wirtschaften

Die freie Marktwirtschaft hat die Bereitstellung von so vielen Gütern ermöglicht, wie es in der Geschichte der Menschheit noch nie der Fall war. Der materielle Wohlstand ist weltweit gewachsen und erfasst nach Europa, Amerika, Australien, Asien wohl bald auch Afrika, sodass im Jahr 2050 global ein Wohlstand erreicht werden wird, wie es 1950 nur in wenigen westlichen Ländern der Fall war.

Alle Menschen auf der Welt wünschen sich genügend Nahrung, Kleidung, Wohnraum und technische Unterstützung. Gegen dieses Streben nach materiellem Glück ist nichts zu sagen und in wenigen Jahrzehnten können wir diesbezüglich die weltweite Vollversorgung erreichen.

Leider ist diese Vollversorgung aller Menschen mit einer Übernutzung unseres Planeten verbunden und wird daher nach kurzer Zeit wieder zusammenbrechen, wenn wir unser Wirtschaftssystem nicht treffsicherer machen.

Das Märchen von der intelligenten Hand des Marktes, der alles von selber regelt, hat mit der Realität nichts zu tun, auch wenn die Neoliberalen uns das immer noch weismachen wollen. Adam Smith hat das so auch nie gemeint und die Marktwirtschaft funktioniert nur, wenn Produzenten und Konsumenten die vorhandenen Güter über die freie Preisbildung optimal verteilen.

In Wirklichkeit ist unsere Wirtschaft seit 50 Jahren produktionsgetrieben. Produzenten und Investoren haben diffizile Manipulationsmethoden entwickelt, um nachlassenden Konsum an die Überproduktion anzupassen. Diese Manipulation nennt sich verharmlosend „Werbung".

In traditionellen Volkswirtschaften ist Werbung nicht nötig, es reicht, die Waren auf den Märkten zu zeigen, dann werden sie gekauft, sofern sie gebraucht werden. Unnützes Zeug wird sehr schnell nicht mehr hergestellt.

In wachsenden Volkswirtschaften ist Werbung notwendig, um hohe Stückzahlen zu erreichen, damit die Produktion zu verbilligen und neue Kunden zu gewinnen. In saturierten Volkswirtschaften wird Werbung lästig, destruktiv und manipulativ. Wenn der Zenit des Bedarfs überschritten ist, müssten die Produzenten die Stückzahlen zurückfahren. Das wollen sie natürlich nicht und deshalb versuchen sie, über subliminale Suggestion einen Bedarf zu generieren, der bei den Konsumenten gar nicht vorhanden ist. Die Werbepsychologie ist zum wichtigsten Wirtschaftsfaktor geworden, über Marken werden Illusionen erzeugt und massenpsychologisch verbreitet.

Die Werbesuggestion appelliert an evolutionär geprägte Trigger: Sex, Sicherheit, Glück, Vergnügen, Schönheit, und vor allem an das Prestigebedürfnis, das in der menschlichen Verhaltensbiologie die soziale Differenzierung antreibt. Wer mehr teure Prestigeobjekte vorzeigen kann, steigt vermeintlich in der sozialen Hierarchie auf. Das Prestigebedürfnis hat keine Obergrenze und ist nicht bedürfnisorientiert. Wer viele Autos, Häuser und Yachten besitzt, steigert sein Prestige, verwenden kann er nur ein Auto und ein Haus, die Yacht ist schon nur mehr ein teures Spielzeug.

Die Überproduktion wird über ständige werbepsychologische Manipulation des menschlichen Geltungsbedürfnisses erreicht. Sie ist weder nötig noch sinnvoll. Ja, sie ist gefährlich, weil sie unseren Planeten zerstört.

Wegen der Endlichkeit unserer Ressourcen müssen saturierte Gesellschaften wieder zur realen Bedürfnisdeckung zurückkehren. Sobald die innovative Revolution ein Land entwickelt hat, ist Werbung weder nötig noch sinnvoll. Durch den globalen Marktplatz des Internets entsteht ein einziger Markt, der konsumgetrieben zur Herstellung der tatsächlich gebrauchten Güter führt, wenn die Konsumenten sich nicht mehr für den Missbrauch durch Werbung zur Verfügung stellen.

Jeder Konsument, der einen bestimmten Gegenstand tatsächlich braucht, kann diesen sofort im Internet bestellen und nach Hause geliefert bekommen. Was er nicht braucht, wird er schlicht und einfach auch nicht suchen. Dadurch entsteht die echte Marktwirtschaft, die wir derzeit nicht haben, weil die Riesenkonzerne über riesengroße Werbesummen den Markt manipulieren. Durch 3D-Drucker und Internet-Austausch sind große Stückzahlen nicht mehr notwendig und können auch sehr individuelle Produkte ihre Konsumenten finden.

Dies zeigt sich im Buchmarkt. Der wird zwar noch von Konzernen dominiert und gebremst. Große Verlage akzeptieren nur Manuskripte, die voraussichtlich das große Werbebudget hereinspielen, das für die

Markteinführung des Buches ausgegeben wird. Die geistige Güte der Bücher spielt dabei keine Rolle. Dies führt dazu, dass am Bestseller-Markt nur mehr fade Massenware produziert wird. Wirklich neue Ideen sind längst in den Self-Publishing-Bereich abgewandert, der ohne Werbebudget auskommt. Die Arbeit des Autors ist meist das Billigste am Buch. Da Self-Publisher sich mit sehr wenig begnügen, explodiert zurzeit die Ideenvielfalt am Buchmarkt, sodass auch Kleinstauflagen ihre Leser finden. Das tut dem globalen Ideenaustausch gut. Der Verzicht auf Werbung heizt die Ideenentwicklung an und zerstört die Marktmacht traditioneller Manipulatoren.

Die Jungen haben das erkannt und gehen immer individuellere Wege. Viele verweigern das Marken-Prestige-Denken, merken, dass sie gar kein Auto brauchen und dass Häuser nur Mittel zum Zweck sind, aber kein Selbstzweck. Indem sie die Werbemanipulation verweigern, können sie sich ihre individuellen Lebenswünsche erfüllen. Wer auf einem Boot lebt, braucht kein Haus, wer um die Welt reist auch nicht. Warum also seine Freiheit aufgeben und sich versklaven lassen, damit man ein Leben lang die Raten für eine völlig überteuerte Immobilie abbezahlen kann?

Für unsere Jungen sind materielle Grundbedürfnisse wichtig, sie erkennen aber, dass immaterielle Bedürfnisse noch wichtiger sind. Glück entsteht durch Liebe, Freude und Kreativität, nicht durch einen unbenutzten Fuhrpark. Somit wird in entwickelten Gesellschaften langfristig die Güterproduktion zurückgehen. Das wird unseren Planeten retten und eine völlig neue Art des Wirtschaftens erzeugen.

Kommunikation ohne Kosten

Auf meinen Urlauben in Südfrankreich, Italien und Spanien bin ich immer wieder über das fröhliche Leben dort erstaunt. Auf Dorfplätzen lungern jede Menge Menschen herum und tun - nichts. Jedenfalls nichts im Sinne produktiver Verwertbarkeit. Stattdessen vertreiben sie sich die Zeit mit Tratschen, Lachen, Wein Trinken und Boule Spielen.

Die Südfranzosen sind viel klüger als wir Deutschen. Genau genommen haben sie die effizienteste Form der kostenlosen Energieproduktion entdeckt, leben deswegen länger und haben weniger Herzinfarkte. Soziale Kommunikation zwischen Menschen kostet keinen Cent und erzeugt dennoch jede Menge seelischer Energie, die beflügelt, entspannt und motiviert.

Statt Werbung und Konsum brauchen wir mehr Kommunikation. In Frankreich und Italien strömen alle zu den Bauernmärkten, weil man dort nicht nur frisches Essen bekommt, sondern auch Neuigkeiten und Unterhaltung. Wenn man sich einige Zeit mit Marktleuten, Nachbarn und Freunden unterhalten hat, geht man zufrieden mit gefüllten Körben nach Hause. Am Abend sitzt man mit Freunden beim Wein zusammen und die Unterhaltung geht weiter. So lässt sich's leben.

Das Bedürfnis nach Kommunikation wird von Facebook, Instagram und Co. bedient. Dies führt zu emotionalem und geistigem Austausch. Der ist zwar zunächst digital, oft trifft man sich aber dann doch in Kaffeehäusern, auf Demos oder bei Events.

Die Urform des menschlichen Zusammenlebens ist das Dorf. Alle Stammesmitglieder leben an einem Platz, jeder hat dort sein Zelt, seine Hütte, dazwischen spielt sich das Leben ab. Alle arbeiten gemeinsam, kommunizieren dabei, sind nie allein. Die Güter werden geteilt, jeder bekommt was er braucht. Eigentum gibt es nicht, Güter hat man nur, solange man sie nutzt. Sobald man genug von etwas hat, tauscht man es gegen etwas Neues oder schenkt es her. Deswegen gibt es kaum Neid, Beliebtheit und Kontakt sind wichtiger als alle Gegenstände zusammengenommen. Wenn man ein Werkzeug braucht, baut man es sich selbst, tauscht es ein oder borgt es sich aus. Wenn jemand etwas besser kann als andere, bringt er es denen bereitwillig bei, denn dafür bekommt er ja Anerkennung und Zuwendung.

Gemeinsame Rituale, Tänze, Gesänge bieten Unterhaltung, stärken den Zusammenhalt. Wer eine besondere Leistung erbringt, bekommt nicht mehr Güter, sondern mehr Aufmerksamkeit und Anerkennung. So geht artgerechte Menschenhaltung.

Anerkennung ist die seelische Nahrung, die jeder Mensch braucht. Wir tun nahezu alles, um Anerkennung zu bekommen, beim Militär töten wir sogar dafür, dass uns der Vorgesetzte dann einen Orden umhängt.

Durch das militärische Patriarchat wurde die Anerkennung von den Mächtigen monopolisiert, sodass man sie auf einmal nur mehr von oben und nicht von seinem Netzwerk bekam. Alle Moralvorschriften und Bewertungen von Menschen dienen diesem Monopol und schaffen ein chronisches Anerkennungsdefizit, das die Macht der Hierarchie stabilisiert; seitdem tun wir alles, damit die Chefs mit uns zufrieden sind.

Die Jungen wollen das nicht mehr. Sie wollen nicht mehr von einem missliebigen Chef abhängig sein. Sie wollen Freiheit, Zuwendung und Anerkennung im Überfluss und entdecken, dass sie dies auch bekommen, wenn sie sich gegenseitig anerkennen. In diesem Sinne werden sie auch die Gesellschaft der Zukunft organisieren: als großes globales Dorf, in dem es keine besseren und schlechteren Menschen gibt, sondern nur beliebte und weniger beliebte.

Globale Raumordnung

Seit 150 Jahren rast der Mensch um die Welt wie ein wild gewordenes Warzenschwein, bringt alle Ökosysteme durcheinander und rottet die Tiere aus. Im Wahn der eigenen Überheblichkeit sind ihm so große Scheuklappen gewachsen, dass er nicht einmal merkt, was er tut, was er dem Leben und Mutter Erde antut. Es ist Zeit, dass wir wieder in Ordnung bringen, was wir durcheinandergebracht haben. Entweder entsteht eine neue Weltordnung, in der neben dem Menschen alle Lebewesen ihren Platz finden, oder es wird kein Platz für die Menschheit mehr da sein.

Es wissen bis jetzt nur wenige, aber das große Thema des 21. Jhdt. wird die globale Raumordnung sein. Dabei geht es um zentrale Themen wie Völkerrecht, Schutz des Planeten, globale Interessensphären, internationale Nutzungsrechte, UNO, Weltregierung, Weltfrieden, Ächtung des Krieges, gleiches Recht für alle Menschen, und vieles mehr.

Die Raumordnung ist bis jetzt auf Gemeinde- und Landesebene Realität. Das Gebiet einer Gemeinde wird möglichst sinnvoll in Wohn-, Gewerbe-, Verkehrs-, Naturschutz- Agrargebiete, etc. aufgeteilt. Das funktioniert in vielen Gemeinden mehr schlecht als recht, aber immerhin wird darüber diskutiert, sorgt für Kontroversen, Bürger wehren sich gegen Raumordnungen, die von Industrielobbyisten durchgesetzt werden und alle schimpfen über die Verschandelung der Landschaft. Es gibt zumindest ein Problembewusstsein und damit die Chance auf Verbesserung.

Auch international hat die Raumordnungsdebatte längst begonnen. Gebiete, die nicht zu Staatsgebieten gehören, werden durch völkerrechtliche Verträge geregelt, bevor der Planet restlos verschandelt ist. Ein Beispiel ist der Antarktisvertrag, der bis auf weiteres die Ausbeutung der Antarktis verbietet und dem Ökosystem dort eine Überlebenschance bietet. Ähnliches bieten Verträge zum Schutz der Meere, zum Schutz der Wale und bestimmter Fischarten, die das Aussterben der Meeresfauna verhindern sollen. Besonders Meeresschutzgebiete, deren Befischung verboten ist, leisten einen Beitrag zum Überleben vieler Tierarten. Der Weltklimavertrag von Paris schützt die Atmosphäre vor Verschmutzung und das Klima vor Überhitzung. Oder versucht es zumindest und Verletzungen dieses Vertrages können zumindest beanstandet werden.

Die globale Raumordnung wird über UNO-Konferenzen und -Gremien etabliert. Ähnlich einer Gemeinde erkennt die Weltgemeinschaft, dass sie den Planeten nicht mehr planlos zersiedeln und ausbeuten darf, wenn sie unseren Kindern einen bewohnbaren Planeten hinterlassen will. Kern der Welt-Raumordnung ist, dass die Menschheit nur bestimmte Gegenden nutzen und bewohnen darf, im großen Rest aber möglichst viele Naturreservate schaffen muss, um das ökologische Gleichgewicht zu erhalten. Für jede von Menschen belastete Erdgegend muss eine mindestens gleichgroße Gegend reserviert werden, die die Humanbelastung kompensiert.

Die globale Raumordnung hat seit Gründung der UNO 1945 begonnen, aber sie steckt noch in den Kinderschuhen. Bis vor kurzem herrschte das „christliche" Denken vor, dass die Erde dem Menschen untertan sein soll. Sprich, jeder Quadratmeter der Erdoberfläche ist nur zu einem Zweck da: um von Menschen ausgebeutet zu werden, als gäbe es kein Morgen. Inzwischen haben die meisten Menschen begriffen, dass wir uns mit diesem Denkansatz in eine Sackgasse manövriert haben. Jedes Kind weiß, dass es so nicht weitergehen kann. Also haben Heerscharen von klugen Menschen begonnen, über eine sinnvolle Welt-Raumordnung nachzudenken. Da erst wenige gute Ideen akzeptiert sind, gibt es noch sehr viel Luft nach oben.

Gute Gedankenansätze klingen wie folgt:
Der Mensch darf nur maximal 50% der Erdoberfläche nutzen, der Rest wird als Naturschutzgebiet in Ruhe gelassen (Soziobiologe E. O. Wilson).
Die Überfischung der Weltmeere hat einer ökologischen Aquabewirtschaftung zu weichen, die einen gleichbleibenden Fischbestand sichert.
Die Regenwälder sind zu schützen und dürfen nicht mehr gefällt, nur schonend abgeerntet werden.

Luft, Wasser und Klima sind vor Verschmutzung zu bewahren und in stabilem Gleichgewicht zu halten.

Die Menschheit darf nur einen Teil der Biomasse als Ernährung und einen Teil der Rohstoffe für die Produktion entnehmen. Durch Effizienzsteigerung und Recycling ist eine Redimensionierung des ökologischen Fußabdrucks auf 1 Menschheit = 1 Planetenkapazität zu erreichen.

Die Zukunft der Menschheit wird sich in Asien abspielen, daher sind die Verhaltensweisen der Asiaten entscheidend dafür, ob die globale Raumordnung gelingen wird. Khanna (2019) zeigt die Zukunft auf, die in Asien längst begonnen hat, während sich der Westen in die Illusion einer glorreichen Vergangenheit einspinnt. Die Fakten sind unerbittlich und zeigen, dass die Führung der Welt längst an China übergegangen ist, dem Indien und die südostasiatischen Staaten auf dem Fuß folgen. Amerika ist nach 1991 der Hybris scheinbarer Weltdominanz verfallen, hat seine Führungsrolle aber bereits 2001 verspielt, indem es mit Kriegen und Präpotenz die Länder des Nahen Ostens, Russland, Lateinamerika und Afrika vergrätzte. In die aufgerissenen Lücken stoßen seit 20 Jahren China und Russland vor. Nun zeigt sich, dass die Weltordnung der Asiaten wesentlich pragmatischer ist als die Pax Americana. China und Indien waren nie expansiv, sondern wehrten nur Invasionen von Barbaren ab - Mongolen, Araber und europäische Piraten. Militärische Eroberer konnten die Kulturen Asiens zwar besiegen, aber nie für lange. Nach 100 Jahren hatte China das Weltreich der Mongolen ausgesessen und war es wieder los, Indien wurde mehrmals von islamischen Glaubenskriegern erobert, aber selbst mit dem mächtigen Mogul-Reich war es nach 100 Jahren vorbei. Die englischen Raubritter hielten sich 200 Jahre, aber das ist auch schon 73 Jahre her. In Friedenszeiten beschäftigten sich die Asiaten lieber mit dem Aufbau der eigenen Gesellschaft und das tun sie seit 40 Jahren wieder mit Erfolg. Außenpolitisch sind sie seit 2000 Jahren an eine multipolare Koexistenz gewöhnt. Weder hat Indien jemals China erobert noch umgekehrt. Bei aller europäischer Voreingenommenheit:

Die westlichen Kolonial- und Neokolonialmächte haben sich in den letzten 200 Jahren nicht mit Ruhm bekleckert und es wundert nicht, dass die Asiaten nicht mehr dem Modell aus militärischer Macht und (Schein)-Demokratie nacheifern, das in Wirklichkeit nur die Ausbeutung durch eine Oligarchie von Milliardären bedeutet. Man mag über den chinesischen Einparteien-Staat lästern oder über den indischen Hindu-Nationalismus - in Summe sind die staatlichen Programme ihrer Regierungen effizienter und der Bevölkerung näher, als alles, was der Westen in Asien je aufgestellt hat. Der Westen sollte vor der eigenen Tür kehren und darauf hoffen, dass die Mächte der Zukunft nicht so brutal mit der Welt umgehen werden, wie wir es getan haben.

Die Mensch-Natur-Symbiose

Die Zukunft liegt in der Symbiose von Mensch und Natur. Man kann große Städte bauen, wenn man es funktional und ökologisch tut. Derzeit sind die meisten Städte dysfunktional, weil man in Beton und Hochhäusern die Lösung sieht, dabei sind die das Problem. Städte sind riesige Organismen, daher muss man die organismischen Prinzipien der Lebewesen auf sie übertragen, als da sind:

1. Steine sind das Fundament, darauf wachsen biologische Ökosysteme.
2. Ökosysteme erhalten sich selbst, da sie aus unendlich vielen natürlichen Kreisläufen bestehen.
3. Gebirge gliedern die Landschaft und unterteilen sie in viele Ökosysteme, die jeweils ganz eigene Kreisläufe haben.
4. Wege gehören an die Oberfläche, nicht in (Straßen-)Schluchten, die werden nämlich bei den zukünftigen Unwettern überschwemmt.

Unsere derzeitigen Städte sind Steinzeit-Gebilde (Höhlen aus Stein, zu Stadtgebirgen aufgetürmt). Sie passen ins Archaikum der Erde, da herrschten die Steine, auf denen nur Bakterien gedeihen konnten. Wir verdammen uns also selbst zu einem Bakterienleben, isoliert, wenig Licht, keine intelligente Kommunikation. Wir sind aber Vielzeller, unser Biotop ist der Wald. Urwaldriesen sind so groß wie Hochhäuser, bestehen aber aus organischem Material, das hochintelligent und supereffizient genutzt wird. Licht, Wasser, Holz und Tiere organisieren sich in verschiedenen Waldstockwerken und integrieren dabei jede Menge biologische Labore in ihren Alltag, woraus sich ein Maximum an Innovation und ständiger Optimierung ergibt. Der Mensch baut sich steinerne Baumriesen und tut dies so ineffizient, dass unser Stadtökosystem von der Evolution in kürzester Zeit hinweggefegt werden wird, wenn wir nicht vom Wald lernen und dessen Prinzipien auf unsere Städte übertragen. Das ist übrigens ganz leicht, denn alles Wissen ist ja schon da, wir müssen es nur endlich zur Kenntnis nehmen. Ille Gebeshuber hat es getan, im Dschungel von Malaysia (Gebeshuber 2016).

Das Ende des Patriarchats

Wir können uns keine Hierarchien mehr leisten. Patriarchalische Hierarchien sind eine Verschwendung von menschlichen Ressourcen, weil sie zu einer Reduktion der menschlichen Kreativität führen. Wenn Kontrolle vor Kreativität kommt, geht die Kreativität zugrunde. Historisch gesehen war das Patriarchat eine Fehlentwicklung, die immer schon zu Ressourcenverknappung, Armut und Elend geführt hat, weil durch Krieg, Gewalt, Raub und Zerstörung alle Gegner geschwächt wurden und damit das globale Bruttoweltprodukt in Kriegszeiten immer wieder sank. Das Patriarchat überlebte nur durch Raub und schob Armut und Schwächung den unterlegenen Schichten, den versklavten Tieren und der zerstörten Natur zu. Dies hat eine globale Grenze erreicht, seit die gesamte Biomasse des Planeten vom Patriarchat ausgebeutet wird. Seitdem gibt es keine neuen Länder und Arten mehr, die man neu versklaven könnte um zusätzliche Biomasse zu rauben. Damit gräbt sich das Patriarchat selbst das Wasser ab, wird entweder in sich zusammenbrechen oder sich für ein neues horizontales Netzwerk-System öffnen.

Durch Mechanisierung, Automatisierung und IT-Vernetzung werden die traditionellen Berufe überflüssig, bzw. von Maschinen und Robotern erledigt. Dies führt seit 200 Jahren zu einer Verschiebung der menschlichen Arbeit hin zu komplexeren Tätigkeiten. Waren vor 200 Jahren noch 90% der Menschheit für die Produktion der Nahrung nötig, so sind es heute in entwickelten Ländern nur mehr 5%. Arbeiteten vor 100 Jahren noch 60% der Menschen in der Industrie, so sind es heute nur mehr 10%. Arbeiten derzeit 70% der Menschen als Dienstleister und Verwalter, so werden auch diese Tätigkeiten durch Künstliche Intelligenz und Roboter weniger werden. Was bleibt also übrig, außer weniger arbeiten?

Weniger Arbeiten ist eine gute Idee, denn Muße ist eine wichtige Voraussetzung für Kreativität. In 50 Jahren werden 90% der Menschen mit Kreativität, Wissenschaft und Innovation beschäftigt sein. Dieser sogenannte quartäre Sektor der Arbeit funktioniert nur mit vielen guten Ideen.
Die Kreativ-Wirtschaft der Zukunft ist mit autoritären Hierarchien nicht zu stemmen, das werden auch die chinesischen Kommunisten noch auf die harte Tour lernen, wenn ihnen in 50 Jahren die kreativen, freiheitsliebenden Inder im Nacken sitzen, die jetzt schon alle demokratischen Freiheiten haben.

Indien ist die letzte Hochkultur Eurasiens, die vom machtgierigen indogermanischen Patriarchat erobert wurde. In Indien haben sich viele matrifokale Elemente der menschlichen Urkultur erhalten, die egalitär, gleichberechtig und friedlich war. In Kombination mit dem von den Engländern installierten Parlamentarismus haben die 1,38 Mrd. Inder die besten Voraussetzungen, um in der Kreativ-Wirtschaft der Zukunft die führende Position einzunehmen. Dabei kommt den Indern ihre lange philosophische, kulturwissenschaftliche und mathematische Tradition entgegen. Schließlich rechnen wir heute weltweit mit indischen Zahlen und auch die Null wurde dort erfunden. Auch konnten sich Kaiser und Diktatoren auf diesem Subkontinent immer nur kurze Zeit halten, wurden rasch wieder gestürzt, meist gab es eine Vielfalt von konkurrierenden Ländern, Religionen und Systemen. All das ist der Kreativität immer schon förderlich gewesen.

Die soziale Zukunft der Welt liegt in flachen Netzwerken, die sich flexibel vernetzen, je nach Anliegen, Thema, Auftrag und Bedarf; in Interessensgruppen, Teams, schnellen Veränderungen und Neustrukturierungen. Menschen kommen der Natur wieder näher, indem sie genauso vielfältig, vernetzt und interdependent handeln.

Der Paradigmen-Wechsel

Unsere Gegenwart ähnelt dem Ende des Spätmittelalters. Damals hatten die Theologen ein geschlossenes Lehrgebäude errichtet und bewiesen mit messerscharfen Argumenten von Scholastik, Rhetorik, Logik und Philosophie, dass die Bibel immer Recht hat. Dann kam die Naturwissenschaft und fegte alles vom Tisch, was die Menschheit bis dahin geglaubt hatte. Die Autoritäten wehrten sich mit allen Mitteln gegen diese Veränderung. Es half aber nichts, heute ist die Autorität der Theologen dahin, leider nicht ihr Einfluss.

Stattdessen hat die Physik die Stelle der Theologie übernommen und ergeht sich in wilden Spekulationen über das Universum, die ebenso unbewiesen sind wie vor 500 Jahren die Dogmen der Kirche. Die Logik wurde von der Mathematik abgelöst, man versucht verzweifelt etwas zu berechnen, das nur in den Köpfen der Wissenschaftler existiert. Seit 40

Jahren hat die theoretische Physik das Feld der beobachtbaren Tatsachen verlassen. Laut Ludwig Fleck (2011) ist dies das Endstadium einer Theorie, bevor sie fallengelassen wird.

Seit 500 Jahren revolutioniert die europäische Wissenschaft unser Weltbild mit den linkshemisphärischen Mitteln der Logik und der Mathematik. Doch die funktionieren nur bei Wenn-Dann-Strategien und werden einer hyperkomplexen, milliardenfach vernetzten Welt nicht gerecht. Die Alten dachten immer schon in vernetzten Strukturen. Frauen denken vernetzt, wenn sie ihre Kinder großziehen, sind besser im intuitiven Erfassen ganzheitlicher Zusammenhänge und im Nutzen des Gesamtgehirns (Dies ist durch Gehirnscans bewiesen). Die viel geschmähte Intuition ist nichts anderes als das Nutzen der Tatsache, dass der Mensch den größten Computer der Welt in seinen Körper eingebaut hat und dessen Berechnungen vertrauen kann. Unser Nervensystem aus 300 Milliarden Zellen und Billionen Synapsen schlägt jede Technik, das sogenannte Bauchgefühl übertrifft jede rationale Entscheidung, weil in Wirklichkeit die Bauchentscheidung nicht aus dem Bauch kommt, sondern aus sämtlichen Nerven- und Körperzellen von den Haarspitzen bis zum großen Zeh. Der menschliche Körper ist das stärkste Messinstrument, das die Evolution je hervorgebracht hat. Statt Angst vor dem Supercomputer oder dem Weltuntergang zu haben, sollten wir uns lieber mit Mutter Erde gut stellen, die Intuition der Frauen und die Weisheit der Alten nutzen. Das Neue Denken wird unser Weltbild so radikal verändern, wie Kopernikus´ Entdeckung des heliozentrischen Planetensystems es vor 500 Jahren getan hat.

Globale Vernetzung

Die Natur ist ein Netzwerk, seit es die Erde gibt. Alles auf unserem Planeten ist vernetzt und beeinflusst sich gegenseitig. Tiere und Pflanzen entwickeln sich, indem sie sich gegenseitig herausfordern, unterstützen, nähren, beeinflussen. Alles funktioniert in Kreisen und Kreisläufen. Als die Jäger den Speer erfanden, wurden sie auf die lineare Bewegung fixiert. Der Speer wird vom Arm geschleudert und trifft ein Ziel. Seitdem erscheint uns das lineare Denken dem zirkulären überlegen zu sein. Der Mensch glaubt inzwischen, dass er selbst ein Speer ist und verhält sich entsprechend, ob er nun im Auto, im Flugzeug oder in einer Rakete sitzt. Dabei verdrängen wir, dass der Bogen, den ein Speer bis ins Ziel beschreibt, nur die Hälfte eines Kreises ist. Die andere Hälfte besteht aus dem Zerlegen der Beute, Braten, Essen, Ausscheiden, Düngen, neuem Pflanzenwachstum und Äsen der Tiere.

Gesellschaften sind Netzwerke, seit es Menschenclans gibt. Jedes Dorf, jeder Verein, jeder Staat – sie alle funktionieren in Kreisläufen. Vor 50 Jahren war die Rakete der Inbegriff des Fortschritts, weil wir damit auf dem Mond landen konnten. Heute ist es das elektronische Netz, das wir rund um die Erde gespannt haben. Es verbindet uns alle und revolutioniert unser Leben. Wenn wir global im Netz verbunden sind und vernetzt handeln, lernen wir vielleicht auch, das Netzwerk der Natur zu verstehen und richtig zu behandeln.

Die Demokratisierung der Geldschöpfung

Durch Blockchain, Bitcoin, Computerkonten und Computergeld wird das Finanzwesen seit kurzem demokratisiert. Die absurden Geldvermehrungsmanöver von Banken und Zentralbanken, Spekulationspapiere und Quantitative Easing zerstören gerade das Vertrauen der Menschheit in das Geldschaffungsmonopol der Zentralbanken. Tatsächlich werden wir diese im Jahr 2050 gar nicht mehr brauchen. Damit ist es dann mit der Allmacht des Finanzkapitalismus vorbei, wodurch ein echter freier Markt im Geldwesen entstehen kann, das derzeit – allen Markttheorien zum Trotz - ein Oligopol zum Schutz der Reichen ist.

Geld ist nichts anderes als das kumulierte Vertrauen der derzeit 7 Milliarden Menschen in das zukünftige Wirtschaftswachstum. Der absolute Wert der Geldmenge in den Computern ist völlig nebensächlich, denn egal wer das Geld kreiert, der tatsächliche Wert der Computer-Coins richtet sich nach dem Vertrauen der bald 9 Milliarden Menschen. Sehen alle gute Chancen für sich und ihre Zukunft, dann haben sie auch mehr Geld, weil der Wert ihrer Coins steigt. In Zeiten der Krise sinkt der Wert der Coins, alle müssen sparen und sind halt kurzfristig weniger reich. Das Geldsystem passt sich damit schneller an den Realwert der Weltwirtschaft an, ohne dass Staaten oder Milliardäre diese Prozesse verzögern, aufblähen und ausnützen können.

Wenn die Weltwirtschaft wächst, werden in einem demokratischen Geldallokations-System auch alle reicher; nicht nur das oberste 1%, sondern 100% der Menschen. Unproduktive Banken und Börsen, die kein Realeinkommen erzeugen, gibt es dann nicht mehr. Das Kreditsystem wird durch Crowd Funding im Internet ersetzt. Gute Ideen setzen sich im Internet sehr schnell durch. Die Menschen tragen ihr Geld nicht mehr auf eine nicht vorhandene Bank, sondern investieren ihr Erspartes direkt in interessante Startups und soziale Gemeinschaftsprojekte, durch Blockchain-Überweisungen. Börsen sind überflüssig und Börsencrashs gehören der Vergangenheit an. Die Menschen verlieren manchmal Geld, weil ein Startup nicht profitabel wird, meistens aber gewinnen sie und können ihr Kapital verzehn- oder verhundertfachen. Deswegen gibt es dann keine Armen mehr.

Die Welt 2050: In einer Übergangsphase bis 2050 wurde die Armut abgeschafft. Immer mehr schlossen sich der Gemeinwohlökonomie an und spendeten überschüssigen Reichtum an die Microkreditbanken für Arme, die damit den Armen in aller Welt ein kleines Startkapital gaben, mit dem sie sich eine Existenz aufbauen konnten. Durch die Spenden bekam jeder einen Teil seines Startkapitals geschenkt, hatte daher niedrige Rückzahlungsraten oder musste keine Zinsen zahlen. Durch dieses Gemeinwohlsystem stiegen alle Afrikaner und alle Slumbewohner in Asien und Südamerika innerhalb einer Generation in die Mittelschicht auf, was das politische System in aller Welt stabilisierte.

Wissenschaftlicher Fortschritt

Seit 2020 verdoppelte sich das Wissen der Menschheit alle 0,4 Jahre. Je mehr Menschen sich an der Wissensgenerierung beteiligen, desto exponentiell schneller wächst das Wissen und verändert sich, sodass es sinnlos ist, einen traditionellen Wissenskanon zu unterrichten. Wissenschaftler unterteilen sich nicht mehr in Natur- u Geisteswissenschaftler, sondern in Spezialisten und Generalisten. Im Jahr 2050 wird sich die Wissenschaft grundlegend verändert haben.

Nur Spezialisten können ein einem Spezialgebiet den Überblick behalten und neue Versuchsdesigns entwerfen, die lege artis sind. Sie erzeugen Einzelergebnisse.

Generalisten machen Metastudien, fassen tausende Einzelergebnisse zu großen Trends zusammen.

Heuristen entwerfen neue Gedankengebäude und legen sie den Spezialisten zur empirischen Überprüfung vor. Die gesamte theoretische Physik besteht derzeit aus Heuristen, die mit unüberprüfbaren Phänomenen arbeiten. In ähnlicher Weise bestand die Tiefenpsychologie von 1900 bis 1938 aus Heuristen, deren Thesen erst 100 Jahre später von der Neurophysiologie bestätigt oder verworfen wurden.

Analogisten transponieren Erkenntnisse aus einer Wissenschaft in eine andere und arbeiten mit den verschiedensten Theoriegebäuden, um neue

Thesen zu entwickeln. Diese Arbeit geschieht oft sehr intuitiv, manchmal sogar im Traum.

Der Benzolring etwa wurde durch die Transponierung der geometrischen Kreisform in die Chemie entdeckt, die dreidimensionale geometrische Anordnung der Moleküle wurde dadurch entdeckt und revolutionierte die Chemie. Ohne geometrische Chemie gäbe es keine C60-Kugeln mit ihren revolutionären Eigenschaften.

Wissenschaftsdiplomaten vermitteln zwischen Grundlagenwissenschaft und Wirtschaft einerseits, zwischen Wissenschaft, Politik und Gesellschaft andererseits. Die Idee der wertfreien Wissenschaft wird 2020 als Trugschluss entlarvt und zu Grabe getragen. Wissenschaftsergebnisse werden immer von der Fragestellung beeinflusst (Unschärferelation nach Heisenberg).

In den ersten Jahrzehnten des 21. Jhdt. werden auch die dogmatischen Streitigkeiten zwischen Spezialisten und Generalisten darüber beendet, was denn nun Wissenschaft sei. Es gilt nun der Grundsatz, dass Wissenschaft umso fruchtbarer ist, je mehr Denkansätze möglichst vieler Menschen darin einfließen. Induktion ohne Deduktion ist nicht möglich und umgekehrt. Auch wird die Hochnäsigkeit der Professoren beendet, die alle Autodidakten aus der Fortschrittsdiskussion ausschlossen, unter dem Vorwand, die würden ja keine Ahnung haben. Die Wissenschaftsgeschichte zeigt vielmehr, dass viele bahnbrechende Erfindungen von Autodidakten gemacht wurden (Erb-Lehre, Kontinentaldrift, Schiffsschraube, Schreibmaschine).

In die wissenschaftlichen Netzwerke darf sich jeder Interessierte einklinken und dumme Fragen stellen, die schlimmstenfalls ignoriert werden, oft aber neue Denkansätze bringen. Die Reduzierung der Diskussion auf „Experten" erwies sich als Sackgasse, in der überholte Theoreme länger als nötig vor der Falsifizierung geschützt und abgeschottet wurden (Musterbeispiel: die theologische Dogmatik, deren

Widerstand die Revolution der Aufklärung auslöste). Im 21. Jhdt. wird Wissenschaft nach dem Prinzip des „Brainstormings" geführt: Jeder darf denken, fantasieren und Ideen ins Netz stellen. Die KI der Algorithmen führt ähnliche Ideen zusammen; daraus entstehen Denkmodule von Arbeitsteams, die global an bestimmten Sachgebieten arbeiten.

Kulturelle Vielfalt

Es gibt derzeit auf der Welt 5.000 Kulturen mit sehr unterschiedlichen Denksystemen und Prämissen, obwohl in den letzten Jahrhunderten viele indigene Stämme ausgerottet oder ihre Traditionen vernichtet wurden.
Auf Grund des Freund-Feind-Schemas wurden bisher andere Kulturen als Bedrohung oder als minderwertige Feinde angesehen. Dies, obwohl alle großen Städte der entwickelten Welt bereits seit dem Jahr 2000 aus bunten Multi-Kulti-Mischungen bestehen.

Die Feind-Ideologie wird im 21. Jhdt. durch die Gleichwertigkeit aller Menschen und Kulturen ersetzt. Man geht jetzt davon aus, dass jedes kulturelle System ein Experimentierfeld zur Überprüfung bestimmter Prämissen darstellt. Jede Menschengruppe hat das Recht und die Freiheit, eine Theorie experimentell zu überprüfen, selbst dann, wenn alle anderen Menschen dies für ausgemachten Blödsinn halten. So dürfen die Kreationisten behaupten, dass Gott die Welt vor 6.000 Jahren erschaffen hat und es daher keine Evolution gibt. Da diese Theorie immer wieder falsifiziert wird, wird sie mit der Zeit immer weniger Anhänger haben und von selbst verschwinden, eine Zensur mit Denkverboten ist dazu nicht nötig. Umgekehrt weiß man, dass jede Zensur und sei sie noch so gut gemeint, in der Regel wichtige neue Erkenntnisse blockiert (so war die katholische Inquisition dem Schutz der göttlichen Lehre gewidmet, sie existiert heute noch im Vatikan, ihr Leiter wurde sogar Papst (Benedikt

XVI.), der Einfluss der Inquisition auf das Wissen der Menschen nimmt aber seit 500 Jahren kontinuierlich ab).

Jede Kultur ist ein Experimentierfeld mit einer meist jahrhundertelangen empirischen Tradition, aus der die Weisen dieser Kultur wichtige Erkenntnisse destilliert haben, die die Stärken dieser Kultur ausmachen, da sie aus der optimalen Anpassung auf das jeweilige ökosoziale Umfeld entstanden sind. So wissen die Amazonas-Stämme zweifellos am meisten über den brasilianischen Regenwald, die darin wirkenden ökologischen Kreisläufe und die einmaligen Heilpflanzen ihres Gebietes. Es wäre dumm, dieses Wissen zu ignorieren oder wie in der Vergangenheit oft geschehen, gänzlich zu vernichten.

Jede Weltkultur hat ihre Stärken: Die europäische Kultur ist unschlagbar in der Erfindung technischer Apparate, die indische führend in der Erforschung geistiger, mathematischer und spiritueller Welten, die chinesische im homöostatischen Ausgleich von polaren Gegensätzen, die arabische in der draufgängerischen Eroberung neuer Grenzwelten, die afrikanische in der Entwicklung von Rhythmus, Musik, Tanz und Malerei.

Die Globalisierung hat längst zu einer Durchmischung all dieser Kulturen geführt, die nicht mehr rückgängig gemacht werden kann. Das wäre auch nicht sinnvoll, wie die jüdische Kultur zeigt: Ihr großer Einfluss auf die Wissenschaft geht auf die 2.500-jährige Geschichte der Aneignung fremden Wissens unter Bewahrung der eigenen Identität zurück. Die multikulturellen Beeinflussungen werden daher in Zukunft vorbehaltlos begrüßt werden, da die Neugier der Menschen keine Grenzen kennt.

Die globale Unterhaltungsindustrie in Film und Musik hat diese Entwicklung bereits im 20. Jhdt. vollzogen. Jedes Land begann zunächst mit nationalen Filmen, wie etwa dem deutschen Unterhaltungsfilm. Die Heimatfilme wurden aber dem Publikum bald langweilig, das sich lieber Thriller aus Hollywood ansah. Inzwischen sind auch die standardisierten Hollywood-Filme mit ihren abgedroschenen Chambres fad (Krimi,

Western, Thriller, Film Noir, Liebeskomödie), Bollywood, Hongkong und afrikanische Independent Movies bringen neue Ideen und reüssieren. So saugt die Filmindustrie nach und nach alle Ideen aller Kulturen in sich auf, um unterhaltsam zu bleiben und fördert damit die globale Multi-Kulti-Perzeption. Ähnliches gilt in der Musikindustrie, die jedes Jahrzehnt neue Independent-Strömungen entwickelt, die bald Mainstream und damit wieder langweilig werden. Dann hungern die Hörer wieder nach neuen Inhalten.

Freihandel

Auf meinem Reisen nach Istanbul, Tunis und Kairo haben mich die bunten Basare am meisten beeindruckt. Auch wenn es einem anfangs lästig ist, kommt man aus diesen Städten praktisch nicht mehr heraus, ohne mit den Einheimischen zu handeln, um jeden Gegenstand erbittert zu feilschen, wutentbrannt das Geschäft zu verlassen, vom Händler zurückgeholt zu werden und sich schlussendlich auf den Mittelwert der Preisvorstellungen zu einigen. Wenn man dieses Ritual erfolgreich überstanden hat, ist man gut Freund mit dem Händler, denn: „Handeln macht Spaß".

Diesem orientalischen Standpunkt kann ich inzwischen viel abgewinnen. Handeln ist Kommunikation, verbindet Völker und Kulturen. Man muss nicht einmal dieselbe Sprache beherrschen, Mimik und Gestik tun´s auch. Wenn ein Handel über die Bühne geht, gewinnen beide Seiten. Der eine einen schönen Gegenstand, der andere sein Einkommen und beide ein interessantes Gespräch, sei dies verbal oder non-verbal. Nachher kennt man sich besser als vorher.
Der Handel hat sich in den letzten Jahren sprunghaft über die ganze Welt ausgebreitet. Schiffe bringen Waren von China nach Europa und

umgekehrt. Der ganze Globus ist ein einziger Basar mit Handeln, Feilschen und Handschlagbeschlüssen.

Die Kritiker der Globalisierung warnen vor deren Gefahren: Zerstörung alter Handwerkstraditionen, Brandrodung, Ausbeutung, kapitalistischer Monetarismus. Dennoch halte ich es für eine kurzsichtige Betrachtungsweise, die Globalisierung generell als „Falle" anzusehen, die bekämpft werden muss. Auch wenn noch viele Fehler ausgemerzt werden müssen, ist der globale Welthandel eine Friedenschance: Denn wer miteinander handelt, schlägt sich nicht die Köpfe ein. Wenn ein Geschäft klappt, setzt man dieses nur ungern aufs Spiel. Wenn es schiefgeht, verlieren beide Seiten, und das überlegt man sich zweimal.

Alle Prognostiker und Politologen warnen davor, dass im 21. Jhdt. ein großer Krieg zwischen den Weltmächten USA und China bevorstehen könnte, ähnlich dem 1. Weltkrieg, in dem die Weltmacht England sich vom aufstrebenden Deutschland bedroht fühlte. Damals konnten sich die Engländer noch der Illusion hingeben, dass die Niederlage der deutschen Wirtschaft die englische stärken würde, da die beiden Wirtschaftskreisläufe noch relativ unabhängig voneinander waren. Eine Illusion war das schon damals. Heute ist es de facto unmöglich, eine fremde Wirtschaft zu zerstören ohne die eigene mit in den Abgrund zu reißen. Ohne chinesische Importgüter würde die amerikanische Wirtschaft zusammenbrechen. Eine Niederlage der USA würde zu einem chinesischen Staatsbankrott führen, da Chinas Reichtum in dann wertlosen US-Dollars angelegt ist.

Solange also einigermaßen vernunftbegabte Politiker die beiden Länder führen, werden sie vielleicht streiten, drohen, Sanktionen ergreifen, sich mit Bündnissystemen vor der Haustür des anderen ärgern, aber sicher nicht eines tun: die Fabriken des anderen bombardieren und damit eine Wirtschaftskrise im eigenen Land riskieren.

Bei allen Nachteilen kapitalistischer Wirtschaftspraktiken, die noch vieler demokratischer Korrekturen bedürfen, hat der globale Handel einen Vorteil: Er ist die beste Gewähr gegen einen zukünftigen Weltkrieg.

Frieden statt Kriegskosten

Es gibt ein einfaches Mittel gegen die globalen Kriege: 100% Rüstungssteuer auf alle Rüstungsgüter. Wenn Firmen schon Geschäfte mit dem Tod machen wollen, dann soll zumindest der entstehende Schaden eingepreist werden, ähnlich wie beim CO_2. Jeder getötete Mensch fehlt nämlich beim Kampf für eine gute Zukunft! Das nur so nebenbei, neben all dem Unrecht, Gewalt, PTBS, sozialer Disruption, Radikalisierung, verrücktem Fanatismus, Machtgeilheit, Korruption, Naturzerstörung, Verschärfung der Einkommensschere und was sonst noch so alles durch Waffen gefördert wird.

Solange der Sieger einer Schlacht auf reiche Beute hoffen konnte, war der Krieg die Fortsetzung der Politik mit anderen Mitteln. Strategische Ziele wurden notfalls gewaltsam erreicht, gewonnene Schlachten machten den Sieger reich und mächtig. Mit einer überlegenen Armee konnten die Römer ihr Kaiserreich, die Spanier ihr Weltreich, die Franzosen ihre Hegemonie und die Engländer ihr Empire errichten. Generälen und Politikern winkten Ruhm, Ehre und Reichtum. Da die Verluste der Verlierer nicht eingerechnet wurden, verhieß die Kosten-Nutzen-Rechnung für eine überlegene Nation hohe Gewinne. Dies ging solange gut, solange die Kabinettskriege der Neuzeit vor allem mit toten (und austauschbaren) Soldaten bezahlt wurden und die Zivilbevölkerung samt ihrem Besitz relativ unbeschädigt blieb. Der Krieg ließ genug übrig, was man als Sieger kassieren konnte, um damit die Kriegsschulden abzutragen.

Die Materialschlachten des 20. Jhdt. änderten diese Bilanz. Bereits der 1. Weltkrieg führte zu einem wirtschaftlichen Niedergang der kriegführenden Nationen. In der Friedenszeit von 1870 bis 1914 blühte die Weltwirtschaft, boomten die europäischen Hauptstädte in vorher ungekanntem Luxus. Nach 1918 kam der Welthandel zum Erliegen und die Weltwirtschaftskrise brachte Armut und Arbeitslosigkeit.

Der 2. Weltkrieg brachte den letzten klaren Sieger hervor. Die Amerikaner wurden zur führenden Weltmacht und konnten ihre wirtschaftliche Dominanz über fast alle Erdteile ausbreiten, während die Engländer an den Kosten des 2. Weltkrieges und die Russen an denen des Kalten Krieges zerbrachen.

Seit 1945 ist es mit dem Gewinn durch Gewalt de facto vorbei. Eine militärisch überlegene Kriegsmaschinerie führt nur mehr zu hohen Kosten, nicht aber zu einem nachhaltigen Sieg. Vietnam, Irak, Afghanistan - trotz gewonnener Schlachten erreichten die USA keines ihrer Kriegsziele und blieben auf hohen Folgekosten sitzen. Russlands Einmarsch in Afghanistan war der Anfang vom Ende der Sowjetunion. Israel hat die beste Armee der Welt, gewinnt seit 1948 alle Kriege und gerät dennoch strategisch in eine immer aussichtslosere Lage. Englands letzte Siege in der Suez-Krise und auf den Falkland-Inseln führten zum Verlust des Suezkanals und zum „Gewinn" von ein paar hundert Schafen.

Ganz anders die Friedensdividende: Jene Länder, die seit 1945 keine Kriege geführt haben, gehören zu den wirtschaftlichen Siegern. Deutschland, Japan, China und Korea legten in der Nachkriegszeit einen rasanten Aufstieg hin, obwohl sie nach dem Krieg alle völlig am Boden lagen. Selbst die USA waren in der Friedenszeit von 1975 bis 2001 die unangefochtene Weltmacht, weil sie in dieser Zeit Geld und Ressourcen in die Wirtschaft und nicht allein ins Militär steckten. Nach einer 70jährigen Friedenszeit ist Deutschland Europas Führungsmacht und China die größte Handelsnation der Erde.

Die enorme Zerstörungsmacht von Bomben, Granaten und Raketen zerstört heute so viel Besitz und Manpower, dass es praktisch nichts mehr zu gewinnen gibt. Vielmehr steigt mit jedem Krieg das Risiko hoher Folgekosten durch Umweltzerstörung und den Untergang sozialer Strukturen. Die Kriege in Somalia, Libyen, Syrien und dem Irak führten zum Zerbrechen dieser Staaten in sogenannte „failed states", aus denen Piraten und Terroristen in alle Welt ausschwärmen und die Zivilgesellschaft bedrohen.

War der Krieg früher der Vater aller Dinge, so ist er heute der Vater allen Übels.

Heute zahlt sich Frieden in jeder Hinsicht aus. Länder ohne große Armeen haben mehr Geld für die Entwicklung der Zivilgesellschaft. Länder, die miteinander handeln statt sich zu bekämpfen, werden gemeinsam reich. In langen Friedenszeiten heilen die seelischen, körperlichen und materiellen Wunden von Veteranen und Zivilbevölkerung.

Krieg ist ein erlerntes Verhalten, das in den letzten 5.000 Jahren vorübergehend einen Vorteil brachte. Im Atomzeitalter ist es mit diesem Vorteil vorbei; es ist Zeit, den Krieg ein für alle Mal abzuschaffen.

Gemeinwohlwirtschaft

Adam Smiths Idee, dass die freie Marktwirtschaft von selbst alle Menschen reich und wohlhabend machen wird, hat etwas bestechend Einfaches und war bis zuletzt allen anderen Wirtschaftsmodellen überlegen. Im 20. Jhdt. siegte der Kapitalismus über den Kommunismus, stieß eben dadurch an seine Grenzen und produziert eine Krise nach der anderen. Der Monetarismus von Milton Friedman ist wie jede Wirtschaftstheorie eben nur eine Theorie, die erst im Nachhinein empirisch überprüft wird und sich dann als falsch herausstellt. Übersehen wurde darin das komplexe Sozialverhalten menschlicher Gesellschaften, das ständig nach sozialer Differenzierung streben. Anders gesagt, die Reichen streben danach immer reicher zu werden, die Armen werden dadurch immer ärmer. Genau das ist das Ergebnis der Deregulierung der letzten Jahrzehnte. Das reichste Prozent der Gesellschaft besitzt einen immer größeren Teil des Volkseinkommens. Auch wenn die Armen absolut gesehen mehr besitzen als früher, so sorgt die wachsende soziale Kluft zu den Reichen für immer stärkeren sozialen Unmut.

Christian Felber hält dem seine Theorie der Gemeinwohlwirtschaft entgegen. In seinem sozial regulierten Kapitalismus darf zwar jeder nach Reichtum streben, aber nur bis zu dem Punkt, wo alle seine Bedürfnisse nach Wohlstand und sozialer Sicherheit erfüllt sind. Was über die Grenze des persönlichen Reichtums hinaus verdient wird, muss dem Gemeinwohl zur Verfügung gestellt werden. Nach der Deckung der materiellen Bedürfnisse ist nämlich Anerkennung durch die Gesellschaft der wahre Reichtum und der wächst, je mehr man zum Gemeinwohl beiträgt.

Die Kritiker der Gemeinwohlwirtschaft wenden ein, sie sei eine neue Form des Kommunismus und daher wirtschaftliche Tagträumerei, die ebenso wenig funktioniere wie der Leninismus-Stalinismus. Dabei bleibt außer Acht, wie viele Kulturen in der Vergangenheit dem Gemeinwohl verpflichtet waren und als Gemeinwohlwirtschaft bestens funktionierten. So waren etwa in den Städten des römischen Reiches alle öffentlichen Einrichtungen wie Amphitheater, Theater, Thermen, Bibliotheken, Feste und Getreidezuteilung kostenlos. Sie wurden allesamt von den Reichen bezahlt, deren Karriere davon abhängig war, wie viel Geld sie dem Gemeinwohl zur Verfügung stellten. Das Inka-Reich war eine extreme Gemeinwohlwirtschaft. Jeder Indio hatte Arbeit und Naturalien an das Gemeinwesen abzuliefern und wurde dafür mit sozialer und materieller Sicherheit belohnt. Reichtum und Fortschritt des Mittelalters beruhte auf den Gemeinschaften der Klöster, in denen der einzelne gar nichts besaß und alles bekam, was er brauchte. Die meisten überlebenden Naturvölker kennen nur Gemeinschaftsbesitz und unterlagen den Weißen, weil ihnen deren Eigentumsbegriff völlig fremd war. Selbst die Bauernhöfe der Neuzeit waren noch nach dem Gemeinwohl des Hofes organisiert. Die Familienmitglieder bekamen Naturalien statt Geld.

Der Vorteil der Gemeinwohlwirtschaft liegt auf der Hand. Sie sichert das Überleben der Gemeinschaft und aller ihrer Mitglieder. Güter werden auf alle und damit gerechter aufgeteilt und damit steigen die Zufriedenheit und der Zusammenhalt. Ein größerer Teil des Besitzes wird nur dem Häuptling zugestanden, aber nicht zu seinem persönlichen Genuss, sondern für die Repräsentation nach außen. Das Haus des Häuptlings ist größer, weil darin die Versammlungen und die Verhandlungen mit anderen Stämmen stattfinden und das ist für jeden akzeptabel.

Bewusst oder unbewusst handeln viele Millionäre nach den Prinzipien des Gemeinwohls. Sie gründen Stiftungen und machen Schenkungen, die dem Wohle aller dienen sollen. Ob Bill und Melinda Gates Stiftung oder Clinton Global Initiative – die Reichen dieser Welt streben nach einiger Zeit vor allem nach sozialer Anerkennung und verteilen Geld für gute Zwecke. Sogar Kapitalisten wie Warren Buffett verstehen ihren Reichtum als Dienst an der Gemeinschaft, indem sie Jobs und Aktiengewinne für jedermann schaffen und sogar fordern, man möge sie doch stärker besteuern, denn sie könnten ja ohne weiteres auf einen größeren Teil ihres Geldes im Sinne der sozialen Gerechtigkeit verzichten.

Wenn also sogar Milliardäre wegen des derzeitigen Kapitalismus ein schlechtes Gewissen haben, warum soll man dann nicht gleich Gewinnstreben und soziale Gerechtigkeit durch gesellschaftlich anerkannte Regeln miteinander versöhnen?

Neue Geldsysteme

Geld ist eine nützliche Sache. Jeder Mensch braucht es, um am Wohlstand teilzuhaben. Seit seiner Erfindung vor 2.500 Jahren dient Geld den Bedürfnissen der Wirtschaft und wird den Zielen des Handels angepasst.

Die Erfindung der Münzen durch die Lydier ermöglichte den antiken Handel im ganzen Mittelmeerraum durch Griechen und Phönizier.

Die Erfindungen des Papiergeldes durch die Chinesen und des Wechsels durch die Templer erleichterten die Handelsströme des Mittelalters.

Die Erfindung von Aktien und Börsen durch die Holländer ermöglichte weltweite Unternehmungen in der Phase der ersten Globalisierung durch die Europäer.

Die Gründung von Nationalbanken und bargeldlosem Buchgeld erleichterte die Industrialisierung im 19. Jhdt.

Im 20. Jhdt. führte die Wissenschaft der Nationalökonomie zur Steuerung der Geldmenge, zum Defizit spending oder zur Politik des knappen Geldes.

Jede neue Gelderfindung war eine Anpassung an neue wirtschaftliche Erfordernisse. Die verspätete Anpassung an neue Wirtschaftsphasen führte hingegen zu Wirtschaftskrisen, die jeweils die überholte Geldphase beendeten:

Das plötzlich im Überfluss vorhandene Inka-Gold aus Amerika führte zum Zusammenbruch des spanischen Wirtschaftssystems und beendete die Vorherrschaft der Goldmünzen.

Die Staatsbankrotte im 19. und frühen 20. Jhdt. beendeten das Vertrauen in das Papiergeld und erleichterten den Umstieg in das Buchgeld.

Seit der Jahrtausendwende sind wir in eine neue globale Krise eingetreten: Die Geldmenge hat sich inflationär aufgebläht, die Finanzwirtschaft sich von der Realwirtschaft abgekoppelt und es kommt alle 10 Jahre zu Börsen- und Währungskrisen. Daher schwindet zurzeit das Vertrauen in das Buchgeld. Soll es nicht zum erwarteten großen Crash kommen, der auch durch weitere Verschuldung nicht mehr aufgefangen werden könnte, ist daher ein neues Geld-Bezugssystem dringend erforderlich.

Die Finanzkrisenzeichen werden weltweit in den Medien diskutiert. Die Banken erfüllen ihren Job immer schlechter, genehmigen sich aber irrwitzig hohe Boni. Kredite landen nicht mehr bei den Menschen und den Firmen, die sie benötigen. Geld wirft keine Zinsen mehr ab, außer in hochspekulativen Anlagen. Börsencrashs kommen immer volatiler und unberechenbarer daher, ohne dass selbst die „Experten" sich einig sind, was in den nächsten Monaten geschehen wird. Das Finanzwesen führt vor allem zur Bereicherung weniger, während die Kosten der Abstürze und der Schulden auf die Mehrheit der kleinen Bürger abgewälzt werden. Das Geldwesen hat seine dienende Funktion verloren und führt ein abgekoppeltes Eigenleben, das die Weltwirtschaft gefährdet, statt zum Wohlstand der Mehrheit beizutragen.

Was also tun? Ist der Kapitalismus am Ende? Mit welchem neuen System kann genügend Geld für 7 Milliarden Menschen bereitgestellt werden?

Während alles den Bach runter geht, funktioniert eine neue Geldstrategie sehr gut, bei äußerst geringen Kosten. Die in Bangladesch, einem der ärmsten Länder, erfundenen Mikrokredite ermöglichen den Ärmsten der Armen neue wirtschaftliche Möglichkeiten und werden vor allem von Frauen getragen. Jede Frau bekommt Geld für eine Nähmaschine, wenn sie gewillt ist, Kleider zu nähen. Mit dem Ertrag der Kleider ist die Nähmaschine rasch abbezahlt, sichert die Frau die Existenz ihrer Familie und schafft überdies Wirtschaftswachstum.

Die Mikrokredite korrigieren die Fehlentwicklung der Abkoppelung des Finanzwesens von den Bedürfnissen der Menschen. Als das Geld erfunden wurde, konnte jedermann nur so viel kaufen und verkaufen, wie er selbst herstellte und dafür eintauschen wollte. Die Münzen standen also in Relation zur Arbeitsleistung des einzelnen. Diese Relation stellt der Mikrokredit wieder her – jeder bekommt so viel Geld zur Verfügung gestellt, wie er nachweislich mit seiner Arbeit erwirtschaften kann. Damit wird das finanzielle Risiko für alle Beteiligten minimiert.

Mit der Koppelung des Kreditwesens an die Arbeitsleistung des Einzelnen ließe sich daher das Finanzwesen an den globalen Bedarf der 7 Milliarden so anpassen, dass einerseits jeder Mensch in jedem Land wirtschaftliche Chancen hat und andererseits nicht mehr für Schulden haften muss, die er selbst nicht verursacht hat. Denn letzteres ist die größte Schwäche des derzeitigen Finanzsystems.

Zurzeit sind nämlich alle Staatsbürger finanzielle Geiseln ihrer Regierungen und diese wiederum Geiseln der Hochfinanz. Jeder Staatsbürger wird wie ein Aktionär des Betriebes Staat behandelt, der im Ernstfall die Staatsschulden via Geldentwertung bezahlt, im positiven Fall aber keinen Anteil am Gewinn hat und überdies keinen Einfluss auf die Geschäftspolitik nehmen darf. Die Gewinne werden via Korruption, Boni und Klüngelwirtschaft von einer kleinen Elite abgeschöpft, die ihre Schäfchen rechtzeitig ins Trockene bringt, da sie ja die Geschäftspolitik bestimmt und daher als erste weiß, wann das Feuer ausbrechen wird. Gleichzeitig wird von den „Fachleuten" dogmatisch darauf bestanden, dass das Geld nur von der Elite verwaltet werden darf, da die Mehrheit der Bürger zu ungebildet sei, um die Geldflüsse verstehen zu können. In Wirklichkeit verstehen die Bürger sehr genau was passiert, ihre Wahrnehmung wird ihnen aber abgesprochen und so werden sie immer wieder für dumm verkauft, bis sie ihr Erspartes wieder losgeworden sind. Und dies geschieht mit ziemlicher Regelmäßigkeit in beinahe jeder Generation:

Mein Urgroßvater verlor, so wie die meisten Österreicher, sein Vermögen nach dem ersten Weltkrieg, weil er den Schalmeienklängen geglaubt hatte, dass Staatsanleihen die sicherste Anlage seien. Er und alle seine Leidensgenossen finanzierten damit nachträglich den ersten Weltkrieg, der von den Eliten vom Zaun gebrochen worden war.

Meine beiden Großväter verloren auf dieselbe Art und Weise ihre Vermögen nach dem zweiten Weltkrieg und finanzierten damit auf dieselbe Weise den zweiten Weltkrieg.

Mein Vater verlor 1985 seine angesparte Betriebspension, da er der damaligen österreichischen Wirtschaftspolitik vertraut hatte, welche die Verstaatlichte Industrie in den Ruin getrieben hatte.

Viele meiner Kollegen verloren 2008 ihre angesparten Privatpensionen, da sie den Experten geglaubt hatten, dass Aktien die profitabelste Anlage seien.

Griechen, Portugiesen und Spanier bezahlten die Konstruktionsfehler bei der Schaffung des Euro ohne gemeinsame europäische Wirtschaftspolitik mit einem eklatanten Absturz ihres Lebensstandards.

Afrikanische und lateinamerikanische Wirtschaftsflüchtlinge bezahlen seit vielen Jahren die internationale Finanz- und Wirtschaftsakkumulation mit dem Verlust jeder ökonomischen Lebenschance in ihren Heimatländern.

Bei meinen erwachsenen Kindern frisst die Miete den Großteil ihres Einkommens auf, da Wohnraum in den letzten Jahren unbezahlbar geworden ist, obwohl es doch angeblich keine Inflation gibt. Die junge Generation finanziert damit über undurchschaubare Umwege den Reichtum der Boni-Empfänger.

Obwohl der Lebensstandard in Österreich, zumindest was das Wohnen betrifft, derzeit sinkt, wird jeder Österreicher immer höher verschuldet, ohne irgendetwas davon zu haben. Denn jeder der 8 Millionen Österreicher hat einen Anteil von 40.000 Euro an der Staatschuld. Dies deshalb, weil Generationen von Politikern beschlossen haben, diese Schulden zu machen und die Zentralbanken das dafür nötige Geld per Computereintrag kreierten. Die Schaffung von Schulden ist somit ein lang gehegter guter Brauch. Das Geld den Staatsbürgern zur Verfügung zu stellen kommt den Politikern dabei weniger in den Sinn.

Wenn also der Staat 40.000 Euro Schulden für jeden Staatsbürger in Kauf nimmt und sagt, das wäre alles kein Problem, dann sollte dieses Geld auch den Einzelnen zugutekommen und zwar nach dem System der Mikrokredite. Mit 40.000 Euro Eigenkapital könnte jeder Österreicher als Selbständiger sein Traumunternehmen gründen und damit ein Leben lang seiner Lieblingstätigkeit nachgehen. Alles was er dazu braucht ist ein erfahrener Mentor, der den Businessplan des Start-ups auf Realisierbarkeit prüft und den Newcomer coacht. Natürlich würde dieser den Mikrokredit nur für Ausgaben gekommen, deren Rentabilität er nachweisen konnte. Damit würde das Geld in produktive Geschäfte gelenkt, die mit höchstem Einsatz und voller Motivation betrieben werden. So nebenbei würde Vollbeschäftigung entstehen, da Unternehmungsgründungen ehemaliger Arbeitsloser die höchste Überlebensrate haben. Womit ein Teil der Staatsschuld, nämlich die Arbeitslosenfinanzierung, sich in Luft auflösen würde.

Wer angestellt bleiben will, könnte sich mit 40.000 Euro Anzahlung sein Eigenheim finanzieren und hätte dann nach spätestens 20 Jahren keine Wohnungskosten mehr, was sein Alter viel besser absichern würde als jede schwindlige, im nächsten Crash verschwundene Privatpension. Damit würde sich der größte Posten der Staatsschuld, nämlich die staatlichen Pensionszuschüsse, in Luft auflösen.
Jedes Kind könnte mit 40.000 Euro seine Traum-Ausbildung finanzieren und würde damit zum besten Garanten des zukünftigen Wirtschaftswachstums. Die Verkrustung in den pädagogischen Einrichtungen, die für den Staat ein Fass ohne Boden sind, wäre schnell Vergangenheit.

Wer keine persönlichen Bedürfnisse hat, stellt seine 40.000 Euro einer großen Firma zur Verfügung, kauft Aktien und nimmt damit am Gewinn der Firma teil. Durch die Kontrolle vieler kleiner Aktionäre, die vielleicht auch noch Angestellte der Firma sind, ist die beste Gewähr gegen Korruption, ungerechtfertigte Geldentnahme aus der Firma und größenwahnsinnige Geschäftspolitik gegeben. Dann könnte der Staat aufhören, unsinnige Projekte wie die Atomkraft zu subventionieren und unbenutzte Prestigebauten in Kärnten, Kroatien oder Kasachstan zu fördern und via Hypo-Alpe-Adria-Skandal zu finanzieren.

Wenn alle Interessenten Einfluss auf die Firma nehmen könnten, würde ethisches und nachhaltiges Marketing sich durchsetzen, weil das gemeinsame Interesse der Aktionäre, Angestellten und Konsumenten zu einer „corporate identity" führt, welche dem Sinnempfinden aller Beteiligten entspricht. Dann könnte der Staat aufhören, Unsummen in die Wiederherstellung zerstörter Landschaften und Biosysteme zu stecken.

Alles was es für ein wohlstandsförderndes Finanzsystem braucht, ist, dass Geld nicht mehr unproduktiv in unkontrollierbaren Kanälen versickert, sondern in die Kontrolle derer gelegt wird, die es brauchen und nutzen. Dies wäre überdies kein Überwinden der kapitalistischen Theorie, sondern eine Rückkehr zu deren Wurzeln. Denn nach wie vor gilt das Theorem von Adam Smith: Der Eigennutz aller führt zu Wirtschaftswachstum, wenn jeder einzelne frei ist, seinem Eigennutz zu folgen. Die Krise des derzeitigen Systems liegt in einem Verrat an diesem Theorem, weil das globale Wirtschaftssystem den Eigennutz von 90% der Weltbevölkerung ignoriert. Das Mikrokreditsystem hingegen würde den Eigennutz von 100% der 7 Milliarden Menschen fördern und die Kosten-Nutzen-Rechnung der Geldströme in die Kontrolle von 7 Milliarden Gehirnen legen. Damit würden sehr schnell alle unproduktiven, verschwenderischen und nutzlosen Geldausgaben verschwinden, die nur den Planeten und das Glück der Menschen belasten.

Dazu müssten gar keine neuen Staatsschulden aufgenommen werden, sondern es müsste nur der Staat in ebenso großer Höhe für jeden seiner

Bürger haften, wie jeder Bürger für den Staat haftet. Da Mikrokredite zu 99% zurückgezahlt werden, ist deren Risiko wesentlich geringer als die Wahrscheinlichkeit, dass wir alle in der nächsten Krise die Staatsschulden bezahlen müssen.

Möglichkeiten, wie man den Zwängen des Kapitalismus entkommt

1. Die Geldängste ablegen

Von Kindesbeinen an werden wir darauf konditioniert, unser Leben auf Geld auszurichten und alle anderen Bereiche des Lebens geringzuschätzen. Das Heilsversprechen des Kapitalismus heißt: Wenn du genug Geld hast, kannst du dir all deine Wünsche und Träume erfüllen. Also arbeite hart, dann wirst du glücklich. Daher träumen die meisten Menschen davon, Geld im Überfluss zu haben und sich alles leisten zu können, was das Herz begehrt. Gleichzeitig werden sie aber von der Angst vor Schulden geplagt und kommen oft mit ihrem Geld nicht aus. Jede Gehaltserhöhung, jeder vorübergehende Gewinn wird sehr rasch wieder von den steigenden Ausgaben aufgefressen. Manche können nachts nicht schlafen vor lauter Angst, die Rechnungen nicht bezahlen und den Schuldenberg nie wieder abtragen zu können, der durch den Kauf einer Wohnung, mehrerer Autos und vieler Einrichtungsgegenstände entstanden ist. In ihrer Verzweiflung werden manche geizig und gönnen sich und ihrer Familie kein Vergnügen mehr. Andere sagen sich, es ist eh alles egal und werfen das Geld beim Fenster hinaus.

Ein schlechtes Verhältnis zum Geld ist meist die Folge der Kapitalismusfalle. Die Wirtschaftstheorie nährt die Illusion, dass jeder reich werden kann, was natürlich in keiner Weise der Realität entspricht. Wer es auf Grund der in diesem Buch skizzierten Strukturen nicht nach oben schafft, bekommt dies als persönliches Versagen umgehängt. Man war halt nicht gut genug und hat sich nicht genug angestrengt. In Wirklichkeit hat die Geldvernichtung der kleinen Leute System: Als ich nach der Wurzel meiner persönlichen Geldängste suchte, entdeckte ich, dass mein Großvater sein Haus und damit seinen ganzen Besitz verloren hatte. Nach dem ersten Weltkrieg wurde er enteignet, weil eine Braunkohlengesellschaft sein ganzes Dorf einer Tagebaugrube opferte. Für das Geld, das er bekam, hätte er sich zwar ein neues Haus kaufen können. Er wartete damit aber zu lange und die Geldentwertung des Jahres 1923 machte alles wertlos, was er an Bargeld besaß. Als ich mir selbst ein Haus kaufte und dafür Kredite aufnehmen musste, plagten mich Ängste, ich würde damit genauso scheitern wie mein Großvater.

In Deutschland und Österreich ist das Schicksal meines Großvaters nicht die Ausnahme, sondern die Regel. Fast alle Familien verloren durch zwei Geldentwertungen nach den beiden Weltkriegen ihr Vermögen. Entsprechend tief sitzt die Angst, dass das Geld nicht sicher ist. Davor schützen sich viele, indem sie prophylaktisch gar keinen Besitz anhäufen. Was ich nicht habe, kann man mir auch nicht wegnehmen. Angesichts des realen Ungleichgewichts der Chancen eine durchaus rationale Einschätzung.

Während des größten Teiles der Menschheitsgeschichte war es für einfache Leute schwer, genug Geld zu haben. Soziale Ungerechtigkeit und kriegerische Ereignisse machten alles Besitzstreben zunichte. Diese Erfahrungen sitzen den meisten von uns noch als Denkblockade in den Knochen. Außerdem wurde uns von den Kanzeln gepredigt, dass Gier und Geld ein Hindernis für den Seelenfrieden sind.

Heute ist Deutschland zwar eines der reichsten Länder der Welt, aber die Abstiegsängste nehmen wieder zu, da ja tatsächlich die untere Mittelschicht auf Grund von Hartz IV und ähnlichen Einschnitten ins soziale Netz ins Prekariat abzugleiten droht. Es ist daher wichtig, die Zuschreibung der Ungleichverteilung als individuelles Versagen als Trick der Reichen zur Schwächung der Massen zu durchschauen. Dann kann man ruhig und sachlich nach Alternativen Ausschau halten, wie man sich aus den Zwängen der Ungleichheit befreien kann.

2. Eine sachliche Einstellung zum Besitz

Geld ist in den letzten Jahrhunderten zwar heiß ersehnt worden, aber gleichzeitig auch in Verruf gekommen. Geld dient der Unterdrückung der Menschen, der Kapitalismus zerstört die Natur und die Traditionen der Gesellschaft. Als Kaiser Titus eine Toilettensteuer einführte, um das Kolosseum in Rom zu bauen, behauptete er, dass Geld nicht stinkt. Für viele Menschen hat Geld, vor allem viel Geld, dennoch etwas Anrüchiges. Von Jesus Christus haben wir gelernt, dass Geld den Weg in den Himmel versperrt. Karl Marx hat aufgezeigt, dass Reichtum auf der Ausbeutung vieler Menschen aufgebaut ist. Wir zögern daher unbewusst, uns Geld zu wünschen, weil es in unseren Emotionen mit Ungerechtigkeit verknüpft ist.

Wenn Sie sich Geld wünschen, dann betrachten Sie es als positive Energie, die Gutes bewirken kann. Geld kann die Ausbildung eines Kindes sichern. Geld verhindert, dass Menschen verhungern. Geld kann die Heilung tödlicher Krankheiten finanzieren. Und vor allem: Ihnen steht wie jedem Staatsbürger ein gerechter Anteil am Bruttosozialprodukt zu. Dividiert man das deutsche BNP durch die 80 Mill. Deutschen, dann ergibt sich ein jährliches Bruttonationaleinkommen pro Kopf von 42.500€. Solange Sie nicht mehr verdienen als das, dürfen Sie sich ruhig benachteiligt fühlen. Das BNP pro Kopf schließt alle Alten und Kinder ein. Einer 4-köpfigen Jungfamilie mit 2 Kindern stehen daher 170.000€ brutto im Jahr zu. Das bekommen natürlich nur die wenigsten. Schuld daran ist das Einkommensungleichgewicht. Das gilt es daher dringend zu ändern.

3. Die Vögel des Himmels

„Seht die Vögel des Himmels, sie säen nicht, sie ernten nicht, und unser Herr ernähret sie doch." Was sagt dieser Bibelspruch zu unserer

Einstellung zum Geld aus? Wir sollten uns nicht so viele Sorgen darüber machen. Wir sollten ihm nicht nachlaufen, sondern vertrauen, dass wir bekommen, was wir brauchen.

Solange wir uns von unseren Banken manipulieren lassen, ist das allerdings schwierig. Die tun alles dazu, dass wir berechtigte Ängste vor Geldentwertung haben und ihnen unser sauer verdientes Erspartes für diverse „Geldprodukte" anvertrauen, die angeblich das Geld vermehren. Die Erfahrung seit 2008 zeigt, dass dies glatt gelogen ist. Die hochgelobten Geldanlagen, die im nächsten Crash wertlos werden, dienen hauptsächlich dem Zweck, uns im Hamsterrad von finanziellen Ängsten, fremdbestimmter Lohnarbeit, Burnout und fortgesetzten Enttäuschungen zu halten. Alle Medien- und Werbemanipulationen dienen diesem Zweck. Es werden gezielt Bedürfnisse geschaffen, um neue Produkte an einen bereits mehrfach gesättigten Markt zu verkaufen. Doch brauchen wir das alles wirklich? Und wollen wir, dass Kinder und Tiere ausgebeutet und misshandelt werden, nur damit wir noch einen Fernseher, noch ein Auto und noch ein iPhone kaufen können? Besser wir werden uns bewusst, was unser Konsumverhalten der Welt antut und handeln dementsprechend.

Wir bestimmen den Markt. Wir sind die Konsumenten. Nehmen wir diese Macht wieder an uns und ändern wir die Welt. Zunächst unsere eigene, indem wir aus dem manipulierten Hamsterrad aussteigen und nach Alternativen suchen. Einfache Maßnahmen befreien den einzelnen aus dem Gelddruck und retten gleichzeitig die Welt:

1. Kaufen Sie Lebensmittel regional und saisonal, am besten am Bauernmarkt oder direkt beim Bauern. Wenn das nicht geht, bieten auch Supermärkte regionale Lebensmittel an. Achten Sie aufs Herkunftsland.
2. Kaufen Sie Kleidung nur Second Hand. Das entzieht dem Sklavenhandel die Macht.
3. Bauen Sie so viel wie möglich selber an. Tomaten und Kartoffel gehen auch am Balkon, Kräuter auch am Fensterbrett.

4. Stellen Sie Kosmetik und Putzmittel selber her. Damit unterstützen Sie keine Tierversuche und belasten die Umwelt weniger.
5. Achten Sie darauf, wie viel Müll Sie produzieren. Manches kann man wiederverwenden, vieles muss man nicht wegwerfen.
6. Kaufen Sie keine Elektrogeräte, die sich nicht reparieren lassen. Achten Sie auf Garantien und Reparaturmöglichkeiten. Das schont die Ressourcen und ihren Geldbeutel.
7. Machen Sie sich mit Naturheilkunde vertraut. Nicht für alles muss man die chemische Keule nehmen. Das entzieht den Pharmakonzernen die Macht.

Mit diesen einfachen Maßnahmen, die auf jedem Balkon und in jedem Kleingarten möglich sind, schonen Sie Umwelt, Gesundheit und Geldbeutel. Vor allem reduzieren Sie die Abhängigkeit von den kapitalistischen Geldkreisläufen, die es meist nicht gut mit Ihnen meinen, sondern Manipulationen zur Ausbeutung Ihrer Arbeitskraft sind, damit die Reichen mehr Gewinne machen.

4. Das Geheimdepot

Zu allen Zeiten versteckten die Leute ihr Geld im eigenen Haus oder vergruben es an einem geheimen Ort, damit es Räuber nicht finden konnten. Alte Leute bevorzugen die Matratze im Schlafzimmer, weil sie darauf schlafen und ein Dieb sie erst von der Matratze runterkriegen muss, bevor er das Geld stehlen kann. In Zeiten des Raubtierkapitalismus erlebt diese Strategie ein Revival, da heute die Wegelagerer nicht mehr im Wald sitzen, sondern in den Vorstandsetagen der Großbanken. Mit ihrer Voodoo-Geld-Magie ziehen sie uns das Geld aus der Tasche, mit dem bekannten Ergebnis, dass sie sich Millionen-Boni genehmigen, die wir dann bei der nächsten Geldentwertung mit unseren Einlagen bezahlen.

In Zeiten von Internet, Crowdfunding und Blockchains brauchen wir längst keine Banken mehr, die zu einem Ausbeutersystem verkommen sind. Die sicherste Anlagemöglichkeit ist wieder, möglichst viel Bargeld oder Gold in geheimen Verstecken zu horten. Das wissen die Banken natürlich und drum fordern sie vehement, dass das Bargeld abgeschafft wird, damit wir ihrer Kontrolle und Ausbeutung nicht entkommen können. Das gilt es daher mit allen Mitteln zu verhindern.

5. Nachdenken

In seiner Freizeit saß mein Vater gerne an seinem Schreibtisch im Wohnzimmer und kramte in seinen Papieren herum. Als Kind machte ich mir keine Gedanken darüber, was er dabei tat, es hatte allerdings etwas Beruhigendes, ihn dort sitzen zu sehen. Erst als Erwachsene, als wir Vaters Nachlass ordneten, rekonstruierten wir die Bedeutung dieser Tätigkeit. An seinem Schreibtisch dachte Vater meist in der einen oder anderen Form über sein Geld nach. Als Flüchtling, der im Krieg alles verloren hatte, war ihm dies wichtig. Tatsächlich hatte er es bis zu seinem Tod zu einem kleinen Vermögen gebracht, obwohl er nur ein kleiner Handwerker war. Die materielle Existenzsicherung seiner Familie war sein wichtigstes Lebensziel, er war darin erfolgreich.

Geld wird selten in der Lotterie gewonnen und fällt einem auch nicht in den Schoß. Es ist meist die Folge von kontinuierlicher Arbeit und einem kritischen Verstand, der unnötige Ausgaben vermeidet und auf unrealistische Geldversprechen nicht hereinfällt. Früher nannte man das die Gebahrung der ehrlichen Kaufleute. Ist leider längst aus der Mode gekommen.

Es kann aber sein, dass Sie absolut keine Lust haben, sich mit Geld zu beschäftigen. Dann ist Besitz vielleicht für Sie nicht wichtig. Dann sollten Sie die vielen alternativen Wege beschreiten, wie Sie aus dem Hamsterrad des Geldverdienens aussteigen können. Dann sind Sie für Krisen gut gerüstet, weil Ihnen niemand Ihr Geld klauen kann, weil es eh nichts zu holen gibt.

6. Leben gewinnen

Zeit ist Geld. Noch so ein Spruch, mit dem uns die Geldmagier die Energie aus dem Leib saugen. Michael Ende hat das in seinem Buch „Momo" wunderbar beschrieben. Mit der Illusion des vielen Geldes, das es zu verdienen gilt, opfern die meisten Leute ihre Lebenszeit und verlieren am Ende beides: die Qualität ihres Lebens und das Geld, das sowieso nur wieder bei den Reichen landet.

Drehen sie den Spruch um: Geld ist Leben. Nur wenn man Geld für sein Glück einsetzen kann, macht es Sinn. Wenn man sich damit eine schöne Wohnung kauft oder seine Lieblingsausbildung finanziert, dann macht es glücklich. Dann zahlt sich die Anstrengung des Geldverdienens auch aus.

Doch das meiste Geld, das wir verdienen, kommt uns gar nicht selbst zugute. Die Hälfte wird uns sofort wieder abgenommen und für manche sinnvolle und sehr viele unsinnige Ausgaben des Staates verwendet. Ein weiteres Viertel landet in den Taschen der Immobilienspekulanten, die uns über sündteure Miet- und Hauskosten ausbeuten bis zum Geht-nicht-mehr. Bleibt maximal ein Viertel übrig, dass wir sinnvoll nutzen können. Zahlt es sich dafür aus, sich bis ins Burnout und in chronische Krankheiten zu rackern? Solange der Sozialvertrag nicht stimmt wie derzeit, ist es ein schlechtes Geschäft, als braver Staatsbürger seine Lebenszeit zu opfern. Besser man nutzt möglichst viele alternative Wege, die nichts kosten und gerade deshalb viel glücklicher machen als die sündteuren Konsumverlockungen. Dann hat man zwar weniger Geld, dafür aber sehr viel mehr Freizeit.

7. Tauschkreisläufe

Naturvölker haben meist gar kein Geld und sind trotzdem glücklicher als wir Zivilisationsmenschen, solange die Zivilisation sie in Ruhe lässt. Wie machen die das?

Ganz einfach: Sie tauschen, teilen und machen alles gemeinsam. Das ist auch in der Zivilisation und mitten in der Stadt möglich. Die Tauschkreise breiten sich derzeit Europa-weit aus. Man teilt Güter, Autos, Wohnungen, Bücher, Maschinen, Erfahrungen, Wissen. Im Internet ist vieles kostenlos zu haben. Das Meiste, was uns heute glücklich macht, bekommt man nicht für Geld: Liebe, Erfahrung, Wissen, Geborgenheit, Freundschaft, Begeisterung, Engagement. All das entsteht viel eher, wenn Menschen zusammenkommen und zusammenwirken, die nicht in Geldabhängigkeiten aneinander fixiert sind.

Natürlich muss jeder Mensch Geld verdienen, um seine Grundbedürfnisse bezahlen zu können. Dazu bräuchte es aber in der Regel keinen 40-Stunden-Job, der alle Energie auffrisst. Je mehr Zeit wir für uns selbst behalten, desto mehr schaffen wir auch, ohne dafür zahlen zu müssen.

Sein eigenes Gemüse zu ziehen ist sinnvoll, ökologisch und macht glücklich. Seine eigenen Erfahrungen zu sammeln macht unabhängig und schärft das Denken, ohne dass man teure Seminare zahlen muss. Für seinen Partner viel Zeit zu haben, ist die beste Lebensversicherung die es gibt, sie macht glücklich, gesund und verlängert das Leben.

Neue Werte zur Rettung der Welt

Als Sohn eines deutschen Vaters, als Absolvent eines Elitegymnasiums und einer philosophischen Fakultät war ich von Kindheit an auf das deutsche Leistungsethos geprägt: Viel arbeiten und viel Geld verdienen, um im sozialen Ansehen aufzusteigen. Wenn ich mal nicht hart arbeitete oder wenig leistungsfähig war, bekam ich sofort ein schlechtes Gewissen und fühlte mich minderwertig.

So konnte ich ein bürgerliches Leben führen, heiraten, zwei Kinder großziehen und ein Reihenhaus kaufen. Mein Geld vermehrte sich aber nicht, so sehr ich auch sparte und das mit dem Ansehen klappte auch nicht wirklich. Ich hielt tapfer durch bis ich 57 war und nicht mehr konnte. Nach zwei Burnout-Phasen konnte ich nur mehr halbtags arbeiten und war sozusagen nur mehr die Hälfte wert. Alle Karriere-Fantasien waren endgültig vorbei.

Das Leistungsversprechen, das man mir als Kind eingebläut hatte, ging nicht auf, obwohl ich zu den drei Besten meiner Schulklasse gehört hatte, offensichtlich intelligent war und alles gegeben hatte. Was hatte ich falsch gemacht?

Nach einer Herzkrankheit und Monaten des Nachdenkens begann mein Wertesystem zu purzeln. Wenn schon ein Eliteprodukt wie ich so auf die Schnauze fiel, wie musste es erst jenen ergehen, die nicht so leicht und gern lernten und nicht so gute Bildungschancen gehabt hatten? Da konnte etwas nicht stimmen, aber nicht bei mir selbst, sondern im System.

Nach und nach entdeckte ich all die Fakten, die ich in diesem Buch beschreibe. Mit zunehmender Wut registrierte ich, wie wir alle miteinander systematisch reingelegt und um unseren Lebenserfolg betrogen werden. Das kapitalistische Arbeitsethos ist nicht die Lösung der Probleme dieser Welt, es ist selbst das Problem. Je schneller wir im Hamsterrad laufen, desto unglücklicher werden wir und desto schneller richten wir die Welt zugrunde. Unseren Körper und unser Lebensglück übrigens auch.

Seit 8 Jahren habe ich ein neues Wertesystem.

Nach Geld streben bringt nichts, es ist eine Falle, die nur der Bereicherung derer dient, die eh schon viel zu viel Geld haben. Im Leben geht es darum, nach Leben zu streben. Je weniger wir in der kapitalistischen Lohnmühle arbeiten, desto besser und schöner wird das

Leben. Je weniger wir arbeiten und Güter produzieren, desto besser für unseren Planeten und seine Natur. Die Neuen Werte lauten folgendermaßen:

Wir sind auf der Welt, um glücklich zu sein, unser Leben zu genießen, unsere Talente zu entwickeln und der Natur und der Gemeinschaft zu dienen. Je mehr sinnlose Tätigkeit wir einstellen, je weniger sinnlose Güter wir verbrauchen, desto eher retten wir die Welt und geben ihr die Chance, sich vom Wahnsinn des Kapitalismus zu erholen.

So einfach ist das. Und alle anderen verschwurbelten Theorien sind Blödsinn.

Literaturverzeichnis

Bauer, Th: Die Vereindeutigung der Welt. Reclam 2018

Bregman, R: Utopien für Realisten. Rowohlt 2017

Bridle, J: New Dark Age. C.H.Beck 2019

Brinkbäumer, K: Das kluge, lustige, gesunde, ungebremste, glückliche, sehr lange Leben. Fischer 2019

Fabian, F: Fake News. Basserman 2019

Felber, Ch: Die Gemeinwohl-Ökonomie. Deuticke 2010.

Fleck, L: Denkstile und Tatsachen. Suhrkamp 2011

France-Harrar, F: Die Letzte Chance für eine Zukunft ohne Not. Blue Anathan 2007

Gebeshuber, I: Wo die Maschinen wachsen. Ecowin 2016

Gründiger, W: Aufstand der Jungen. C.H.Beck 2009

Hariri, Y: Eine kurze Geschichte der Menschheit. Pantheon 2015

I.L.A. Kollektiv: Das gute Leben für alle. Oekom 2019

Immerwahr, D: Das heimliche Imperium. Fischer 2019

Khanna, P: Unsere asiatische Zukunft. Rowohlt 2019

Liedloff, J: Auf der Suche nach dem verlorenen Glück. C.H.Beck 2017

Lovelock, J: Gaia, die Erde ist ein Lebewesen. Fischer 1992

Maslow, A: Die Psychologie des Seins. Kindler 1973

Morland, P: Die Macht der Demographie. Ecowin 2019

Naimark, N: Genozid. Theiss 2018

Opelt, R: Die Kinder des Tantalus. Czernin 2002.

Opelt, R: Familienmuster. Czernin 2008.

Opelt, R: Wasser und Eis. Das Klima spielt verrückt. Schardt 2012

Opelt, R: Amors vergiftete Pfeile. Kneipp Vlg Wien 2009

Opelt, R: Müde Ehe. Kneipp Vlg Wien 2013

Opelt, R: Tantalus´ Welt. kdp 2016

Opelt, R: Das Glück der Kinder. Wie Erziehung gelingt. kdp 2017a

Opelt, R: 1918. Deutschland gewinnt den Krieg. kdp 2017b

Opelt, R: 2100. Die neue Welt. kdp 2018

Opelt, R: Die Unterdrückung der Frauen. kdp 2019a

Opelt, R: Die Macht der schwarzen Magier. kdp 2019b

Opelt, R: Das Ende des Patriarchats. IP 2019c

Opelt, R: Protest der Jungen – Zukunft in Gefahr. IP 2019d

Opelt, R: Ganzheitsdenken – Die Weisheit der Alten. IP 2019e

Opelt, R: Gesellschaft im Gleichgewicht. IP2019f

Opelt, R: Blut-Religion. Die Sünden des Katholizismus. IP2020a

Opelt, R: Die geheime Geschichte des Glaubens. BoD 2020b

Opelt, R: Heiles Deutschland? Geschichte, Lösungen, Zukunft. BoD 2020c

Pahl, H: Genese, Konsolidierung und Transformation der neoklassischen Wissenschaftskultur. Springer 2017

Piketty, Th: Kapital und Ideologie. C.H.Beck 2020

Quenzel, G.e.a: Handbuch Bildungsarmut. Springer 2019

Rifkin, J: Der globale Green New Deal. Campus 2019

Schulmeister, S: Der Weg zur Prosperität. Ecowin 2018

Scott, J: Die Mühlen der Zivilisation. Suhrkamp 2019

Stedman Jones, G: Karl Marx. Fischer 2020

Thoma, E: Strategien der Natur. Benevento 2019

Toynbee, A: Der Gang der Weltgeschichte. 4 Bände. Dtv 1970

Von Werlhof, C: Die Verkehrung. Promedia 2011

Welzer, H: Alles könnte anders sein. Fischer 2019

Winkler, H: Werte und Mächte. C.H.Beck 2019

Wolf, D: Das wunderbare Vermächtnis der Steinzeit. BoD 2017

Wolf, D: Es reicht. 5000 Jahre Patriarchat sind genug. DEWE 2019

Tantalus' Welt:

Warum gibt es Kriege? Gehört Gewalt zum Wesen des Menschen? Lässt sich seelisches Leid auf Krieg und Gewalt zurückführen? Die Erfahrung extremer Gewalt prägt das Nationalbewusstsein. Gleich ob Siege oder Niederlagen, die stärksten kriegerischen Ereignisse ihrer Vergangenheit erklären, wie eine Nation beschaffen ist – optimistisch oder pessimistisch, defensiv oder offensiv. Für immer neue Anläufe zur Macht ist Krieg das probate Mittel. Die brutalsten Krieger sind die Helden jeder Nationalgeschichte.

Langsam dämmert uns, dass wir auf einem zu eng gewordenen Planeten uns Kriege nicht mehr leisten können. Doch immer noch hinterlassen Granaten und Gewehre üblen Nachhall in den Seelen der Menschen. Die Verleugnung des Schadens durch Männer, die Kriege wollen und nutzen, verankert Gewalt in den Seelen und führt zum tödlichen Kreislauf, der sich Generation für Generation wiederholt. Nationale Katastrophen wie der erste Weltkrieg, die russische Revolution oder der chinesische Bürgerkrieg traumatisieren ganze Nationen und schädigen ihre Strukturen. Dann liegen nationale Traumata vor, die nur in langen Friedenszeiten verarbeitet werden können. Wenn also die Welt nicht in Krieg und Zerstörung untergehen soll, dann müssen wir die nationalen Traumata überwinden und den Kreislauf der Gewalt durch gute globale Strukturen ersetzen. Von solchen Lösungen handelt dieses Buch. Wir alle haben es in der Hand, ob die Apokalypse oder eine lebenswerte Welt unsere Zukunft sein wird.

The Children of Tantalus:

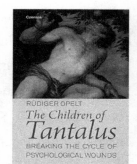

Why do wars exist? Is violence part of a human's being? Can mental pain be traced back to war and violence? Experiencing extreme violence shapes national consciousness. Victory and defeat; a nation's most significant warlike incidents of the past can explain its character – optimistic or pessimistic, defensive or offensive. War is an effective means of obtaining power. The most brutal warriors are branded heroes in national histories. We slowly begin to understand that we cannot afford wars on our cramped planet anymore. Still, grenades and rifles are resonating in peoples' souls. Bellicose men deny the damages and are thus anchoring violence in our spirits. This is a vicious cycle repeating for generations. National catastrophes, like World War I, the Russian revolution, or the Chinese civil war, traumatize entire nations and damage their structures. The developing national traumas can only be processed during long periods of peace.

To prevent the world from falling to war and destruction, we have to overcome national traumas and replace the cycle of violence with productive global structures. Such solutions are presented in this book. The choice of a world worth living in is in our hands.

Das Glück der Kinder:

Wer möchte nicht in einer glücklichen Familie leben? Viele betrachten die Familie als das Wichtigste im Leben. Von ihr wird erwartet, dass sie geprägt ist von liebevollem Umgang miteinander. Den heranwachsenden Kindern soll die Familie Schutz, Geborgenheit und Sicherheit bieten.

Doch die Familie ist nicht ohne weiteres eine heile Welt. Das Miteinander muss gepflegt und Konflikte müssen gelöst werden. Die Erziehung der Kinder braucht Zeit, starke Nerven und Geduld. Um diesen Anforderungen gerecht zu werden, muss man wissen, worauf man achten soll und was glückliche Beziehungen in den Familien fördert.

Im Schatten des Kriegers:

Günter Kahowez wächst mit dem Bewusstsein auf, dass sein Vater als Held in Russland gefallen ist. Alles, was ihm vom Vater blieb, ist dessen Geige. Günter eifert dem Ideal des Vaters nach, wird Komponist und Professor an der Musikhochschule in Wien.

Mit 52 Jahren entdeckt er das vergessene Tagebuch, das sein Vater auf dem Feldzug in Polen und Russland schrieb. Plötzlich sieht er die Bilder, die sein Vater dort fotografierte, mit anderen Augen. Danach ist nichts mehr, wie es war.

Täter und Opfer, zwei Seiten der selben quantenphysikalischen Münze, eine Familienaufstellung in Buchform.

Das Ende des Patriarchats

Mächtige Männer haben die Natur zerstört und hören damit nicht auf. Sie holzen die Dschungel ab, vernichten die alten Völker, das Klima, die Fische, das Meer. Wir Männer sind nicht Manns genug, sie zu stoppen. Wir haben es mit Revolutionen und Kämpfen versucht, aber das nutzte nichts. Kämpfe spielten den Militärs in die Hände, sie zeigten uns, wo der Hammer hängt und wie man Protest mit Gewalt pervertiert. Das Patriarchat und die von ihr abhängige Wissenschaft reduzieren die Welt auf Macht und Geld und richten die Erde zugrunde. Es ist kein Zufall, dass überall alles vernichtet wird, sobald sich der sogenannte „Fortschritt" breitmacht. Bis wir aus unserer patriarchalen Gehirnwäsche erwacht sind, sollten wir auf die Frauen hören. Die sind der Erde und dem Leben von jeher näher als wir Männer. Sie wissen, wie man Kinder liebt und das Leben nährt. Sie wurden verfolgt und verachtet, weil sie schon immer das Ganze sehen und spüren, was Sinn macht und was nicht. Mit der Weisheit der Frauen kommen Natur, Liebe, Schönheit und Frieden zurück und kommt alles ins Lot. Bis zum Ende dieses Jahrhunderts wird eine friedliche, egalitäre und ökologische Gesellschaft entstehen, in der Menschen, Tiere und Natur wieder eine Überlebenschance haben.

Ganzheitsdenken:

Seit es Menschen gibt, sind die überlebenden Alten Vorbilder und Hüter der Tradition. Sie erkennen Zusammenhänge, die den Jungen noch fremd sind. Wenn bald in vielen Ländern die Alten die Mehrheit stellen, dann zeigt dies eines: Die Menschheit braucht mehr Denken in Zusammenhängen, um die immer komplexere Welt zu verstehen. Die Wissenschaften haben so viel Detailwissen produziert, dass wir den Überblick verloren haben. Mit diesem gespaltenen Denken richten wir die Welt zugrunde.

Die Altvorderen aller Kulturen waren nicht so altmodisch, wie sie von der Moderne hingestellt werden. Weisheitslehrer dachten ganzheitlich und hatten Antworten, die wir heute wieder hören sollten. Um die Welt zu retten, brauchen wir eine Fusion von Ganzheits- und Detailwissen, von Vergangenheit und Zukunft, von Herausforderung und Lösung.

Die Legionen des Varus:

Das römische Reich schlug viele erfolgreiche Schlachten. Auf der Höhe des Ruhms erlitt es ein Fiasko, das den Mythos der deutschen Nation begründen half. Die Legionen des Varus bestimmten das Schicksal Europas. Dieses Buch besteht aus zwei Teilen.

Teil 1 entspricht der Fantasie des Autors und beschreibt den fiktiven Sieg des Varus. Welcher das Schicksal Europas gänzlich anders hätte bestimmen können.

Teil 2 entspricht dem in den Annalen beschriebenen Verlauf der Ereignisse nach Varus tatsächlicher Niederlage.

Die Macht der schwarzen Magier:

Derzeit schwirren die Verschwörungstheorien nur so durch die sozialen Medien und ebenso heftig werden sie von den offiziellen Stellen dementiert. Wie kann man sich 9/11, den Irak-Krieg, den Brexit, die Wahl Trumps, den Sturz der österreichischen Regierung anders erklären als dass da etwas nicht mit rechten Dingen zugeht? Gibt es den „Deep State", der im Hintergrund die Strippen zieht und die Politiker wie Marionetten manipuliert, um seine Geld- und Machtinteressen durchzusetzen? Viele meinen ja, denn was in der Zeitung steht, ist schon lange nicht mehr plausibel.

Dieses Buch zeigt, wie der Deep State seit 100 Jahren agiert, Diktatoren nach Belieben einsetzt und stürzt, einen Obdachlosen zum Herrscher Europas und einen Anarchisten zum Diktator Russlands macht, Attentate organisiert, die die Welt in Flammen setzen und die Hände der Herrscher zum roten Atomknopf dirigieren, bis alles explodiert – bis unerwartet eine andere Macht den finsteren Plan vereitelt und uns allen das Leben rettet.

Das Schlimme daran – dieser Roman ist nur scheinbar Fantasy, er erzählt die tatsächliche Geschichte der letzten 100 Jahre, wir haben sie alle erlebt und überlebt, nur wer die Magier sind, bleibt der Fantasie überlassen, denn es kennt sie ja niemand, sie tarnen sich gut und werden nie erwischt – auch das ist die Realität unserer Zeit, die unser Leben so gefährlich macht. Wenn Sie schwache Nerven haben, lassen Sie besser die Hände von diesem Buch, denn Sie werden nie wieder Nachrichtensendungen schauen, ohne Schweißausbrüche zu bekommen...

Vier Wochen für Franz Ferdinand

1917 war Deutschland dabei, den 1.Weltkrieg zu gewinnen, aber das wollten die USA um jeden Preis verhindern, traten in den Krieg ein, als dieser schon entschieden war. Denn sonst wäre Amerika nicht zur größten Supermacht der Welt aufgestiegen. Der vor Eintritt der USA absehbare Sieg der Deutschen hätte schon 1918 zu einer kontinentaleuropäischen Zollunion unter deutscher Führung geführt. Also zu dem, was wir heute unter Angela Merkel haben. Der
ganze Wahnsinn der 100 Jahre dazwischen war unnötig und hat die Menschheit und den Planeten an den Rand des Untergangs geführt. Deutschland hätte 1918 Europa geeint und Hitler und Stalin wären nie an die Macht gekommen. 100 verlorene Jahre, die uns heute zittern lassen, ob wir die Erde noch retten können. Denn entgegen ihrer Propaganda haben die USA der Welt nicht die Demokratie gebracht, sondern Kapitalismus, Oligarchie und Umweltzerstörung. Wegwerfgesellschaft und Ölindustrie haben den Treibhauseffekt erzeugt und den Nahen Osten destabilisiert. All das wäre unter den vor 100 Jahren technologisch führenden Deutschen nicht passiert, denn deutsche Wissenschaftler erfanden so vieles, dass Öl- und Atomindustrie wohl nicht die umfassende umweltzerstörende Bedeutung erhalten hätten, wenn Deutschland sich in Ruhe hätte entwickeln können.

Wie dieses Buch zeigt, hätte es nur einer Kleinigkeit bedurft, um den Lauf des 20. Jhdt. zu ändern: Wenn der österreichische Thronfolger Franz Ferdinand vier Wochen später erschossen worden wäre, hätte er seinen unfähigen Generalstabschef entlassen und damit die russische Front früher stabilisiert. Dann wäre der Krieg 1917 längst aus gewesen und das 20. Jhdt. hätte einen friedlicheren und umweltfreundlicheren Verlauf genommen.
Lassen Sie sich überraschen von den historischen Wendungen, die möglich gewesen wären, wenn die Siegermächte England und USA das 20. Jhdt. nicht derart vermasselt hätten, dass unser Planet heute am Rande des Abgrunds steht.

Dalmatien- wie ich Anker warf und ein Haus sanierte: Eine Liebeserklärung in mehreren Ebenen.

Bootfahren in der östlichen Adria. Über eineinhalb Jahre war der Autor als Skipper vornehmlich in Dalmatien unterwegs. Dann Hauskauf und Sanierung eines alten Steinhauses auf einer mittelkroatischen Insel (Dugi Otok). Kurzweilig geschrieben, viele Anektoten, mit vielen Fotos. Eine Hommage an die kroatische Inselwelt, ob mit dem Schiff befahren oder durch die Erfahrungen des Haussanierens.

Eine wichtige Lektüre für jeden, der sich mit dem Gedanken ein Haus in Kroatien zu kaufen, spielt. Auch ein Versuch der Beschreibung der „kroatischen Seele".

Familienmuster

Dieses Buch entführt uns in die Welt des Familienstellens. Warum kommen wir in bestimmten Lebensbereichen nicht weiter? Die böse Mutter, der harte Vater, die missglückte Liebe, die verlorene Kindheit, warum mussten wir darunter leiden?

Auf diese Fragen geben die Familienmuster Antwort: die Erlebnisse der Eltern und Ahnen, die sich zu Schemen und Abläufen verdichtet haben, durch die wir erzogen und geprägt worden sind. Um Experte für die eigene Persönlichkeit zu werden, muss man seine Lebensgeschichte in ihre Einzelteile zerlegen und neu zusammensetzen. Wer seine Seele gut kennt, kann Teile davon verändern und neue Lösungen entdecken.

Die Unterdrückung der Frauen

Seit 6000 Jahren sitzt die Menschheit einem Irrglauben auf, der die Menschen unglücklich macht und die Natur zerstört. Dieser falsche Glaube predigt Macht und Gewalt und diffamiert Liebe und Kooperation. Wenige mächtige Männer profitieren davon und raffen alle Ressourcen der Erde zusammen, um damit sinnlos zu protzen. Die Mächtigen und Reichen verteidigen ihre Macht mit allen Mitteln, indem sie ihre Generäle, Manager und bezahlten Wissenschaftler an alle wichtigen Schaltstellen setzen und mit unverständlichen Theorien die Massen in die Irre führen. Wer immer sich gegen die Machtstrukturen auflehnt, wird mundtot gemacht, in die Armut gestoßen oder mit Krieg überzogen. Dem Egoismus weniger werden alle anderen geopfert: Die Frauen, die Kinder, die Tiere, die Naturvölker, die Wälder, die Meere, die Ökosysteme, das Klima und bald der ganze Planet. Nur die Weisheit der Frauen kann uns retten, uns zurück zu Harmonie und zum Frieden mit Tieren und Pflanzen führen. Weil die Mütter der Urzeit für eine friedliche Gesellschaft sorgten, werden Mütter und Frauen bis heute unterdrückt und verachtet.Wehe den Mächtigen, wenn die Frauen sich nicht mehr klein halten lassen!

Oppression of women

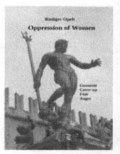

In the last 40 years the author has discovered that mental disorders can be traced back to the second world war and similar violent traumas worldwide and in all eras of time. Genocide has been the foundation of power for the patriarchal warrior caste since the Indo-Europeans first developed superior military technology by domesticating the horse 6000 years ago. Past genocides perpetrated by the militant patriarchy lead to confusion, suffering, anguish and anger. Inclusion of women is the essential step towards a happier world.In the last 40 years the author has discovered that mental disorders can be traced back to the second world war and similar violent traumas worldwide and in all eras of time. Genocide has been the foundation of power for the patriarchal warrior caste since the Indo-Europeans first developed superior military technology by domesticating the horse 6000 years ago. Past genocides perpetrated by the militant patriarchy lead to confusion, suffering, anguish and anger. Inclusion of women is the essential step towards a happier world.

Protest der Jungen:

Die Älteren hinterlassen ihren Kindern und Kindeskindern ein schweres Erbe, in Sachen Rente, Staatsverschuldung, Ökologie, Bildung, Wohnen und Arbeitsmarkt. Nun ist der Aufstand da. Greta Thunberg und die demonstrierenden Schüler treiben die säumige Politik vor sich her. Die Natur zerbröselt vor ihren Augen, Insekten, Biotope, heile Landschaft, gesundes Klima – alles wird es nicht mehr geben, wenn sie einmal die Verantwortung tragen werden. Sie dürfen hohe Pensionszahlungen leisten, werden aber nie eine Pension erhalten oder erst. Ein Korruptionsskandal jagt den nächsten, die Mächtigen bereichern sich hemmungslos und dass für die Jungen nichts mehr übrigbleibt, wen kümmert das?

Sie haben die Nase voll und zeigen das auch. Sie werden nicht aufhören zu demonstrieren, bis man sie ernst nimmt. Sie haben begonnen, sich um die Zukunft zu kümmern, damit sie noch eine haben.

Protest of the youth:

The old generation leaves a mess to the young, whose future seems lost. House prizes exploud, so do deficits and destruction of nature.
Greta Thunberg und the member of Fridays for future press for change. When they will be in power, climate and diversity may collapse and social security as well. They have started do deal with the future so not to lose all chances.

Warum Männer Glatzen haben und Frauen Haarausfall…:

Keine Angst, dies ist keine Werbung für Haarwuchsmittel und keine Aufforderung zur Haartransplantation. Mit solchem Humbug werden Sie in diesem Buch nicht belästigt. Denn, obwohl hunderte Experten seit Jahrhunderten unzählige Wundermittel anpreisen – was gut ist für deren Lebensunterhalt, aber völlig nutzlos für die verzweifelten Glatzenträger – hat die Medizin bis heute weder eine Erklärung für die Glatzenbildung noch ein wirksames Mittel dagegen gefunden, allen Anpreisungen, Forschungsmitteln und teuren Instituten zum Trotz.

Blutreligion:

Es ist die Religion des Blutes. Das Blut Christi.
Das Blut der Märtyrer. Das Blut der Opfer kirchlicher
Intoleranz.
Das Blut der Hexen auf den Scheiterhaufen.
Jesu echte Worte berühren. Doch Jesus wollte weder
zum Gott erklärt werden noch ein Reich auf dieser
Welt errichten. Die katholische Kirche hat in 2000
Jahren eine unheimliche Macht aufgebaut, von der sie
nicht lassen kann. Reichtum und Macht des Vatikans wurden durch einen
Feldzug rund um den Globus etabliert, dem 3 Zivilisationen und der
Weisheitsschatz tausender Naturvölker zum Opfer fielen. Wer der
Spiritualität verpflichtet ist, kann das nicht gutheißen.

Lesen Sie mehr über die kritischen Fakten der Kirchengeschichte, die
einen Neubeginn dringend erforderlich machen.

Die geheime Geschichte des Glaubens:

Die Welt braucht geistige Erneuerung, um aus Krisen zu
finden, die durch falsche Glaubenssätze entstanden sind.
Dass es der Erde nicht gut geht, die Natur stirbt, Frauen,
Kinder, Arme ausgebeutet, Tiere gefoltert, Vermögen in
Kriegen verschleudert werden, zeigt ein eklatantes
Versagen der alten Vorstellungen.

Große Religionen haben 2500 Jahre lang die Menschheit
missioniert und ihre Dogmen durchgesetzt. Zeit genug, um den Effekt ihrer
Prämissen zu bewerten. Die derzeitigen Kirchenstrukturen sind nicht
alternativlos: Die spirituellen Erfahrungen der Menschheit sind unendlich
vielfältig und reich. Mächtige Patriarchen haben die Wahrheit reduziert, geistige
Schätze in den Untergrund gedrängt. Für den, der sein Herz öffnet, ist die
spirituelle Geschichte der Menschheit voller Wunder, die es wiederzufinden gilt.

Heiles Deutschland:

Die deutsche Geschichte, voll Höhen und Tiefen, spaltet unsere Nation. Immer noch geistert das Bild der hässlichen Deutschen durch die Welt. Ob sie zu viel oder zu wenig Geld ausgeben, sie sind die Bösen. Und jetzt noch die AfD. Schon fühlen wir uns von außen und von innen bedroht. Doch die Ächtung national gesinnter Deutscher bringt die Rechten nicht von den Straßen, im Gegenteil, bald werden sie in den neuen Ländern stärkste Kraft sein.

Rüdiger Opelt

Heiles Deutschland?
Geschichte, Lösungen, Zukunft

Etwas läuft schief in Deutschland. Was alle für unwichtig erklären, ist der nationale Selbstwert der Deutschen, in 2000 Jahren Geschichte wieder und wieder beschädigt. Ein großer Teil der Bevölkerung empfindet, dass man uns übel mitgespielt hat.

Seit den Nazis und ihren Verbrechen haben wir schuldbewusst zu sein. Doch dies erklärt nichts und ignoriert das deutsche Trauma. Seit 2000 Jahren wurden Deutsche traumatisiert, die Weltkriege sind nur der Höhepunkt dieser Entwicklung. Nur eine umfassende Betrachtung der Geschichte kann den Deutschen ihre Würde zurückgeben. Die Geschichte der Sieger muss durch die Sicht der Verlierer ergänzt werden, will man der Wahrheit nahekommen.

Dr. Rüdiger Opelt,

geboren 1953 in Linz,

Autor, Psychologe, Psychotherapeut, Seminarleiter, Vortragender.

Der Autor erforschte 40 Jahre lang als Psychologe, was Menschen psychosomatisch krank und leidend macht.

Er fand die Ursache unserer psychischen Probleme in den Fehlern der Vergangenheit, in Krieg, Gewalt, Leid und Einsamkeit. Diese These hat er in mehreren Büchern veröffentlicht (Die Kinder des Tantalus, Familienmuster, Tantalus´ Welt)

In seinen Büchern entwickelt er einen integrativen Ansatz aus Tiefenpsychologie, humanistischer und systemischer Psychotherapie.

In seinen Partnertherapien verbindet er praktische Übungen mit der Aufdeckung alter Familien- und Partnermuster. Durch seine Art der Partnertherapie können Ehekrisen überwunden und die Partnerbeziehung auf eine neue intensivere Basis gestellt werden. Wenn beide Partner Verantwortung für die Beziehung zeigen, hört das Pech in der Liebe auf.

www.opelt.com   r@opelt.com

Rüdiger Opelt lebt in Salzburg, ist seit 33 Jahren verheiratet und hat zwei erwachsene Kinder.

Er schreibt in den Genres: Liebe, Psychologie, Krimis/Romane, Zukunft, Alternative Geschichte, Ganzheitsdenken

Rüdiger Opelt veröffentlichte bisher 31 Bücher, fünf wurden bisher ins Englische übersetzt.